恩師與師恩

令學生感念的教養策略

e life

生命・生活・生涯

精神・活力・新生

發現生命的價值　肯定生命的可貴

國家圖書館出版品預行編目資料

恩師與師恩:令學生感念的教養策略 / 溫世頌著.——
初版一刷.——臺北市: 三民, 2011
面; 公分.——(LIFE系列)

ISBN 978-957-14-5458-0 (平裝)

1.教育心理學

521 100002291

© 恩師與師恩
——令學生感念的教養策略

注譯者	溫世頌
責任編輯	佘泓智
美術設計	陳健茹
發行人	劉振強
著作財產權人	三民書局股份有限公司
發行所	三民書局股份有限公司 地址 臺北市復興北路386號 電話 (02)25006600 郵撥帳號 0009998-5
門市部	(復北店) 臺北市復興北路386號 (重南店) 臺北市重慶南路一段61號
出版日期	初版一刷 2011年3月
編號	S 521120

行政院新聞局登記證局版臺業字第〇二〇〇號

ISBN 978-957-14-5458-0 (平裝)

http://www.sanmin.com.tw 三民網路書店

Life

叢書出版緣起

現代人處在緊張、繁忙的生活步調中，在承受過度心理壓力而不自知的情況下，逐漸形成生理與心理疾病，例如憂鬱、躁鬱、失眠等，這種種的問題，不僅呈現在個人的身心層面，更可能演變成為家庭破碎的悲劇，甚至耗費莫大的社會成本。我們從近年來發生的自殺、家暴、卡債族、失業問題等種種新聞中，不難發現問題的嚴重性，這些可能正發生在你我身邊的真實生命故事，也讓許多人不禁發出「我們的社會究竟怎麼了」的喟嘆！

面對著一個個受苦而無助的靈魂，我們能夠為他們做些什麼？而身為對社會具有責任的文化出版者，我們又能為社會做些什麼？這一連串的觀察與思考，促使我們更深刻地反省，並澄清我們的意念，釐清我們想帶給社會一些什麼樣的東西，讓臺灣的社會，朝向一個更美好、更有希望，及更理想的未來。以此為基礎，我們企畫了【LIFE】系列叢書，邀集在心理學、醫學、輔導、教育、社工等各領域中學有專精的專家學者，共同為社會盡一分心力，提供社會大眾以更嶄新的眼光、更深層的思考，重新認識自己並關懷他人，進而發現生命的價值，肯定生命的可貴。

要解決問題，必須先面對問題、瞭解問題，更要能超越問題。從這個角度出發，【LIFE】系列叢書透過「預防性」與「治療性」兩種角度，對現代人所遭遇的心理與現實困境，提出最專業的協助，給予最真心的支持。跳脫一般市面上的心理勵志書籍、或一般讀物所宣稱「神奇」、「速成」的效用，本叢書重視知識的可信度與嚴謹性，並強調文字的易讀性與親切感，除了使讀者獲得正確的知識，更期待能轉化知識為正向、積極的生活行動力。

值得一提的是，參與寫作的每位學者，不僅在學界與實務界學有專精，最令人感動的是，在邀稿過程中，他們與三民同樣抱持著對人類社會的理想與熱情，不計較稿酬的多少，願對人們的身心安頓進行關照，共同發心為臺灣社會來打拼。我們深切地期望三民【LIFE】系列叢書，能成為現代人的心靈良伴，讓我們透過閱讀，擁有更健康、更美好的人生。

三民書局編輯部　謹識

自序

「恩師與師恩」代表我對學校教育問題的基本看法而虛擬的作品，目的是希望藉此分享能令我們的學子感念的一些教養策略。

寫此書時，我內心抱持著以下幾個信念：㈠師長對學子的身心發展是具有影響力的；㈡學子在適當的挑戰下，其潛能的充分發展是可預期的；㈢能令學子感念的教養策略才是有意義、有效能的；㈣親師間的積極互動對提升教學品質是有必要的；㈤教育的未來基本上是樂觀的。

本書共有四十七篇，分成「身心發展」、「學習與記憶」、「動機、態度與獎懲」、「溝通技巧」、「人際關係」、「生活與職涯」、「教學評量」等七部分。每篇以「背景」作導引；本文將個別教養策略以對答方式表達出來；篇末是作者的感言，謹提供參考。

我寫不到五十篇就暫時擱筆了，因為我希望它們早日與大家見面。大家都知道，教育上的問題不只這些，我對教育問題的看法也不會局限於這些問題上。超過四十年的教學生涯（小學、中學、大學），加上我在教育心理學上的專業知能，令我有持續注意、觀察、思考、寫作的願望。當然，讀者的指正與鼓勵是我繼續寫作的主要動力來源。

本書能順利出版，要感謝劉董事長振強先生的大力支持與編輯部同仁的辛苦編排與校對。我不是專業作家，撰寫技巧大有改善的空間；幸好我要溝通的是觀點與理念，希望讀者在文詞方面多多包涵。

溫世頌 謹序

西元 2011 年 2 月

目次

3 動機、態度、與獎懲

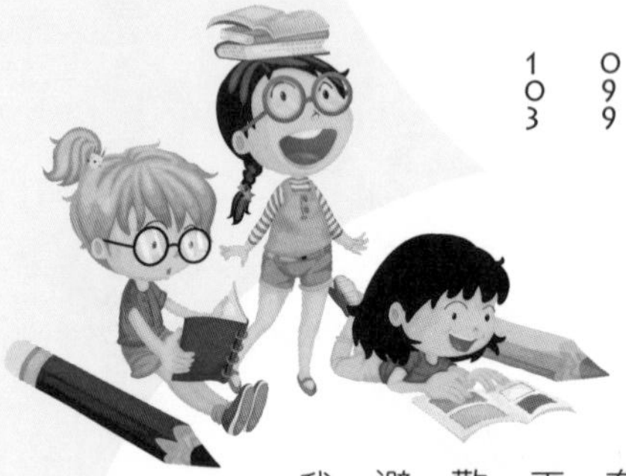

4 溝通技巧

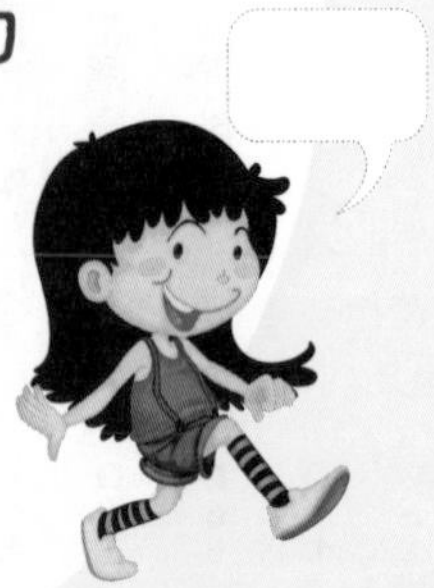

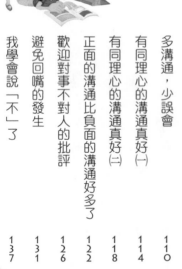

5 人際關係

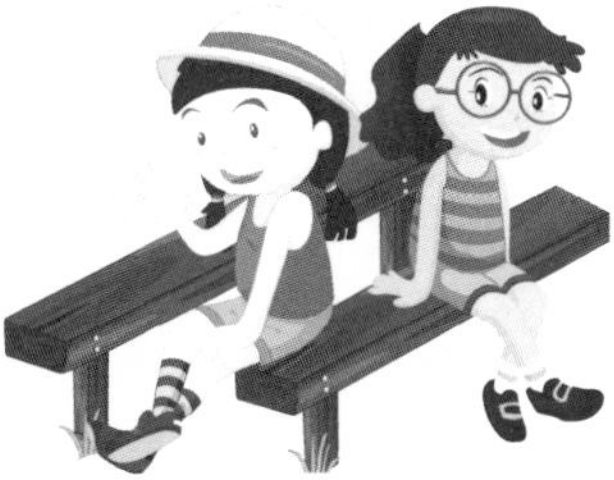

6 生活與職涯

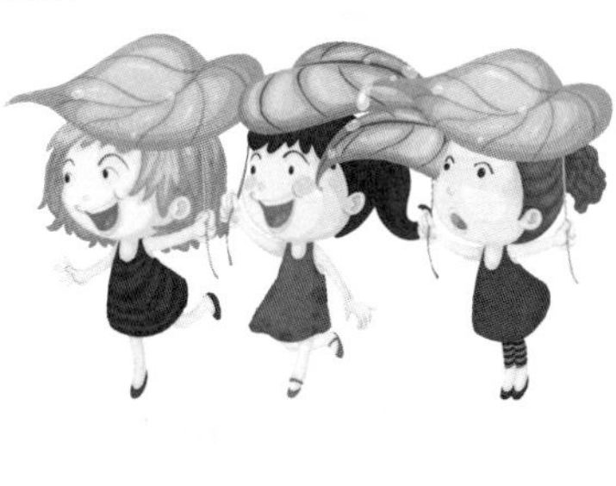

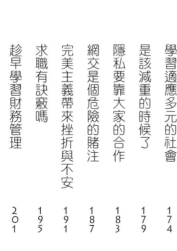

7 教學評量

1

身心發展

我不是小成人

就讀國小五年級的鄒紹安是父母最疼的寶貝兒子，父母花了很多時間跟心思在教養他。紹安的領悟力很強，也很好學，但是讓他感到壓力最大的，不是來自學業，而是爸媽急著要把他塑造成知書達禮、明辨是非、能言善道、處事圓通的小成人。他發現同學因為覺得他老成，便時常戲謔地模仿他的言行來逗他，令他不堪其擾。紹安數度向爸媽反應，但發現他們並沒有改變做法的意願，於是想透過老師的幫忙，使爸媽能讓他跟其他同學一樣，有一般國小五年級男孩應有的言行表現。以下是紹安、爸媽和老師為此所做的會談。

老師　鄒爸爸、鄒媽媽，今天邀您們來討論關於紹安在學校學習的情形，不是要爭論對錯，而是希望可以替紹安找到適合他成長的方式和幫助。

鄒爸　老師忙中抽空為紹安的事操心，我們很感謝。

鄒媽　紹安是個聽話的孩子，做什麼都很認真，我們都很注意他的一舉一動，看到他比一般孩子要成熟，我們很放心。老師，他在學校沒有什麼問題吧？

紹安 老師，我是不是比較少年老成？同學都笑我是個小大人。

老師 鄒媽媽，您有沒有聽到紹安的心聲？雖然他在學校從來沒出過什麼問題，但他發現自己在同學眼中是個小大人，這個稱呼使他覺得與眾不同，感到不能與同學打成一片，「少年老成」一詞讓他耿耿於懷。

鄒媽 可是我記得自己小時候，差不多與紹安同年紀時，已經比紹安成熟得多，在學校還是個模範生呢！

鄒爸 我們沒有讀過教育或發展心理學一類的書，在正常發展中，什麼才是五年級兒童應該有的身心表現，我們沒有正確的概念。我們還以為自己做得不錯，把孩子教得在言行上比同年齡兒童要成熟些。

鄒媽 每次紹安向我抱怨有別的同學對他另眼看待時，我都說那是因為嫉妒，要他不必在意。

紹安 其實，同學對我都不錯，就是笑我裝大人這一點，我吃不消。

老師 鄒爸爸、鄒媽媽，我手邊有些兒童發展的資料，可以提供給您們做一些參考。您們教導紹安的用心，許多家長都應該向您們學習。只不過如果您們也能聽到紹安的心聲，他在學校的生活也就更能和同學打成一片。也會給您們帶來更多的安慰、少一些牽掛。

鄒媽　老師，我明白了，謝謝您。

鄒爸　我們過去都關起門來教小孩，不知道外界的反應，甚至忽略紹安抱怨的警訊。現在老師這麼一說，我們開竅了，我們會讓還是兒童的紹安表現他這個年紀應該有的樣子。

老師　紹安，你有這麼好的爸媽，真有福氣。

紹安　我要謝謝爸媽，更要謝謝老師。

小叮嚀

身為教育工作者，發展心理學（兒童心理學、青少年心理學）是必修的課程，其理由顯而易見——教學要根據受教者的身心預備度來施教，同時也要對個體的身心發展提供必要的貢獻。沒有發展心理的知識，教養可能或過或不及，無法達到及時教育的效果，更談不上因材施教的理想目標。

紹安的父母根據自己往日的經驗，努力地要把紹安打造成一個超乎他年齡的小成人，反而使他在校感到不適。若能經由老師、學生與家長一起坦誠討論，不但能使父母發現問題的根源，也使孩子的問題得到解決的機會。

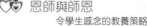

到底我是誰

智財是剛踏入青春期的青少年。他感覺到什麼都在變，不僅自己的身體和心理在變，連身處的家庭和社會也變得難以捉摸。小學時代引以為傲的價值觀已經模糊，過去被父母所讚賞的行為，也不再被注意或接受。在他看來，社會太現實、也太殘酷了。他愈來愈不穩定的言行與情緒反應，引起關心學生身心發展的李老師的注意。

李老師　恭喜你以〈我是誰〉為題得到作文比賽冠軍。

智財　謝謝老師，還好沒辜負您的期待。

李老師　大家都以你的成就為榮。不過令我好奇的是，你文中的「我」是真實的我，還是虛擬的我？

智財　老師，我寫的是真真實實的我。

李老師　所以今天的你仍然還為「我是誰」在尋求答案嗎？

智財　老師，搞不清楚自己是誰，是正常的現象嗎？

李老師　以你的年齡來說，那是正常的。

智財　我聽說，一個人要找出自己是誰，是不是又稱為「自我認同」？

李老師　沒錯。

智財　自我認同有那麼重要嗎？

李老師　是啊！不然你為什麼還在找自己？所謂自我認同，就是要認清自己是誰、自己是做什麼的，自己為什麼而活。

智財　老師，您說依我的年齡搞不清楚自己是誰是正常的現象，又說自我認同很重要，這不是相互矛盾嗎？

李老師　充滿矛盾是青春期發展的特徵。例如自以為長大了，卻童心未泯；自以為勇敢，卻惶恐不斷；充滿理想，卻仍然事事計較；急著追求獨立自主，卻難以擺脫對父母的依賴。你有沒有這些感覺？

智財　老師說的沒錯。

李老師　青春期是個人身心大幅度改變的時期，身體與生理的明顯改變比較容易調適；但附隨的心理改變卻有可能產生適應上的危機。

智財　有危機啊？是什麼樣的危機？

李老師　心理學家馬西亞曾經提出一個觀點，他把青少年的心理適應情形分成四類，其中成功的適應稱為定向型，其他不成功的則有未定型、早閉型和迷失型。

智財　那我的認同是屬於哪一類？

李老師　別急著替自己的認同歷程歸類。我們先了解一下不同認同類型的人格特徵吧！

智財　（顯得有些緊張）

李老師　一般來說，定向型的青少年相當著重內省，能以理性和邏輯做決定，自尊心高、做事有效率，人際關係也良好。

智財　老師，您知道我沒有達到這一級。在〈我是誰〉的文章裡可以看出，我在自我認同上還有待努力。

李老師　另一種未定型的青少年思想零亂，不愛做功課，也不與父母或其他人來往。

智財　我也不屬於這一類型。

李老師　早閉型的青少年思想封閉、自大、愛權威，但也依從權威。

智財　我算是思想蠻開放的人，沒有權威或自大的毛病，我對未來該從事什麼專業還沒做出選擇。可見我沒有早閉的問題。

李老師 迷失型的青少年常焦慮，不喜歡在學校的學習，只有短暫的友誼，沒有清楚的價值觀。

智財 除了有些莫名的焦慮外，我沒有學習、友誼或價值觀的問題。

李老師 智財，在生長與發展的歷程中，青春期的重大任務是順利地適應身心的正常變化，成功地完成自我認同。目前看來，你對自己的身心變化抱著好奇與焦慮，如果沒有什麼意外，我相信你會逐漸朝向認同完成的階段邁進。

智財 老師這麼一說，我對自己的現在與未來放心多了。不過我很好奇，為什麼一些青少年在自我認同上會遭遇困難、而有所謂的危機呢？

李老師 自我認同的品質是個人與社會環境，包括家庭、學校、社區，不斷互動的結果。例如你對性別角色的認同，要看你的男性化程度、你對扮演男性角色的滿意程度、在家從事何種性別取向的工作安排，與校內同儕對你性別取向的看法。個人與社會環境若有一致的認同，個人便有清楚與統整的自我認同；反之，就有認同混淆的危機。

智財 我懂了。老師，就以您剛才舉出性別角色為例，難道自我認同不是一般性的嗎？

李老師 其實我們可以把自我認同看成一個整體，它包括職業認同、智能認同、種族文化認同、社經階層認同、性別認同、性認同、政治認同、宗教認同、人格特質認同、人際關係認同等許多部分。

智財 哇！我們在青春期有那麼多的認同要完成，又要避免認同危機的發生，難怪在父母和老師的眼中，我們最難相處、最不易溝通，也最不好預測。

李老師 的確，不過這也是人生最珍貴、最具挑戰的時期。

智財 經老師這麼一說，我現在對「我是誰」已經有比較深的認識，不像以前那麼模糊不清了。我也開始比較知道，我未來的所作所為會影響我的自我認同，我要開始去學會做出最好的選擇與決定。

李老師 如果需要我的協助，不用客氣。

小叮嚀

青春期是個體身心發展朝向成熟的一段準備期。由於身心的急劇變化，使這時期的個人在自我認同上不一定能順利完成，因而有認同未定、認同早閉或認同迷失的認同危機。有認同危機的人，常伴隨各種負面的思考方式、學習態度與人際關係。自我認同是個人與社會互動的結果，因此家庭、學校與社區必須提供個人最合適的學習、工作、交友、信仰、文化、政經等生活經驗，使個人能從中獲得最佳的認同結果。

李老師對學生智財的耐心輔導，可以協助智財避免認同的未定（不知所從、沒有承諾）、早閉（提早自我定型）或迷失（對未來的人生規劃不感興趣），並協助智財從容而無憂無慮地逐漸塑造自己與社會共同認可與接納的自我。

學習控制憤怒

姚立宇是一位教學認真的年輕老師，他曾經因為掌摑學生而差點失去教職，幸而事後處理得當而繼續留任。鑑於日前又傳出某老師因氣憤而向學生摔課椅一事，深覺應該與學生一起討論如何控制容易壞事的情緒。

姚老師 你們最近有沒有聽到有老師向學生摔課椅的事？

同學們 有。

同學甲 聽說那位女老師是一位非常關心學生、熱愛學生的老師耶！怎麼會這樣呢？

姚老師 你們有沒有聽過「愛之深、責之切」這句話？

同學乙 聽過啊。只是既然愛學生，為什麼又非打學生不可呢？

姚老師 這就是我要跟大家討論的主題。

同學丙 老師，聽說您以前也發生過因為打學生而被處分的事？

姚老師 沒錯，經過那件事情之後，我已經反省過自己，也一直在學著怎麼控制自己生氣的情緒。

同學甲　其實我們學生也有責任，畢竟讓老師生氣的是學生不當的言行，不是嗎？

姚老師　從客觀角度來看，師生都有責任。但是你們正處於青少年身心發展階段，情緒起伏與不易自我掌控情緒也是事實。身為老師，在情緒表達與控制上，理應要比學生成熟得多才對。

同學乙　有一次上課時，有老師責備我漫不經心、不知道在想什麼。我一時惱羞成怒就用髒話回嘴，老師當時只是聳聳肩、眨眨眼，事後才私下勸誡我。我很感激那位老師，也覺得應該做好自己的情緒控制才對。

同學丙　老師是怎麼學習控制憤怒的呢？

姚老師　那這堂課我們大家就來分享吧！首先我要問，一個人生氣時的情緒狀態是怎樣的？

同學甲　面紅耳赤、咬牙切齒、怒目看人，甚至全身發抖。

同學乙　我生氣時還會手握拳頭，甚至想出拳揍人。

姚老師　心理狀態呢？

同學丙　怒氣沖沖，什麼也聽不進去！

姚老師　可見憤怒時很難有建設性的作為，我們就應該設法減少它或控制它。

同學甲　我聽說有一個方式很管用。當你感覺憤怒時，慢慢從一數到十或轉身離開當時的情境。

姚老師　這個方式確實很有用。一般而言，數完十之後，經過了一段時間，情緒大多會穩定下來，不至於嚴重影響一個人的思維，也就能夠避免做出錯誤的決定。

同學乙　老師，生氣的時候離開當時的情境，為什麼也是個好做法呢？

姚老師　以憤怒來說，一個人所處的情境可能扮演幾個功能：除了激起憤怒、增強憤怒，同時也會成為憤怒的聯想線索。所以離開憤怒時的情境有助於減弱憤怒的強度。

同學甲　所以勸人離開現場就是要盡量減少負面的情境因素，是不是？

姚老師　沒有錯，另外還有一個常用的控制憤怒的技巧。

同學丙　是運動嗎？

同學乙　為什麼運動會減少憤怒呢？我不懂。

同學丙　這是我爸爸告訴我的一個經驗。他說只要他一生氣，他就去運動，去轉移注意、消減氣憤，然後去想該怎樣處理令他不愉快的事情。

同學乙 他真的那樣做嗎？

同學丙 對啊。有一次，我爸跟我媽因為意見不合而開始吵起來，我爸索性就到外面去跑步，大概半小時後回來，不僅氣全消了，也變得能夠平心靜氣地和我媽重新溝通。

同學乙 好羨慕哦！希望我也能那樣做。

姚老師 可見運動的好處多多，有益身心健康。對了，控制憤怒還有一個方法，就是與別人分攤不快的情緒。

同學甲 老師，您不是開玩笑吧！有誰願意分擔別人的憤怒？

姚老師 事實上，就有不少人會同情別人的遭遇、聽別人訴苦、撫平別人的傷痛，尤其是我們的親朋好友。一個憤怒的人如果有善意與同情心的親友當聽眾，會很容易地吐露心事，憤怒也會因分擔而逐漸消失。

同學丙 難怪有朋友的人比孤獨的人，更容易控制負面情緒。

姚老師 最後我要分享的方法是「寬恕」，也就是原諒。

同學丁 好難喔！要我原諒惹我生氣的人，簡直不可能。

姚老師 我知道寬恕別人不容易，不過，我要你們現在閉上眼睛想想：人非聖賢，孰能無過？再說自己是要每天都活在憤怒的情緒底下，還是要面對未來的挑戰往前看？

同學丁　好神奇哦！我剛才依老師提示的道理閉目一想，感覺豁然開朗，想通了，也好像原諒了一位我難得寬恕的人。

姚老師　恭喜你！可見事在人為，有志竟成。要知道，寬恕別人也就原諒了自己，你不必一直陷在憤怒的漩渦裡。

同學丁　我現在清楚地體驗到，寬恕對別人對自己都好，算是雙贏。

姚老師　還有其他一些控制憤怒的技巧，不過希望大家可以先就剛才已經討論過的那幾個方法，必要時好好運用，使我們的生活更加和諧、更加快樂。

同學們　謝謝老師。

小叮嚀

憤怒是個人遭遇挫折時所引起的一種情緒反應。在校園裡，當個人的自尊受到威脅時，常有彼此謾罵或動粗的現象，如學生間的拉扯或打架、學生對老師的惡意回嘴，或老師氣憤地體罰學生等。然而不當地宣洩憤怒或一味地容忍憤怒都不足取，因此採取必要的措施以減少憤怒的紛擾，適時恢復理性的思維，是每一個人都必須面對的。

姚老師與學生在溝通中所提出的幾個招術：讓時間去稀釋（數一至十）、離開憤怒的情境、從事運動或鍛鍊（打球、跑步或快走）、尋求親友的精神支持（如向親友投訴，或接受親友的勸說）與設身寬恕，都有助於協助氣憤中的個人，逐漸恢復正常的身心運作，以確保和諧的人際關係與愉悅的生活情操。

別把他們忘了

有三位學生家長要求與教導他們孩子的王少康老師見面。平時教學認真的王老師，因事出突然，自覺事態可能嚴重，便在事前請示李教務主任。李主任先肯定王老師的服務精神，並要他以「求教」取代「防衛」的態度平心靜氣地接待家長，與家長做正面的溝通。以下是王老師與三位學生家長交談的經過。

王老師　各位家長在百忙之中抽空來訪，是不是有什麼重要的事情？我一定虛心請教。

葉媽媽　老師太客氣了。您教學認真，也很正直，這點我們有目共睹。教學是一門專業，是您的專長，我們不敢班門弄斧。這次我們幾位來找老師，是來表達一件我們共同關心的問題。

王老師　請說。

葉媽媽　我是培德的媽媽，培德本來很喜歡上學，最近卻說上課沒意思。經過我一再詢問，他才說老師上課只點坐在中間和前面的幾位同學回答問題，他舉手卻從來不被注意。老師，真有這樣的情形嗎？

王老師 在課堂上，坐在角落的培德有幾次回答過我的問題。不過，我承認次數是少了一些。

葉媽媽 小孩子愛比較，他說從來不被注意可能比較誇張，不過他的感受卻給他不小的影響。

王老師 我完全同意，我應該把視野放開，去注意班上的所有同學，這一點我一定會改善。

葉媽媽 這位溫太太是映雪的媽媽。

溫媽媽 老師，映雪在班上的表現怎麼樣？

王老師 映雪是個乖巧的孩子，常常別人在滔滔不絕、發表意見的時候，她反而都會安靜地去傾聽別人說話的意見。

溫媽媽 就因為這樣，她很少對老師的發問爭取回答。我問她如果不舉手老師怎會點她回答？她便低頭不語。我很著急，老師看這要怎麼辦？

王老師 老實說，我有責任去注意這個問題，也需要一段時間小心地處理。我會私下或公開鼓勵她，使她有興趣、有信心去當眾回答問題。溫媽媽請放心，我會去改善這個現象。

溫媽媽　謝謝老師，我現在放心多了。

葉媽媽　宋媽媽也想請老師幫忙一件事。

宋媽媽　我是安妮的媽。我們剛搬進這個學區不久，安妮似乎還沒調適好，很少與老師或班上同學互動。

王老師　安妮的確很少舉手，也很少發言。

宋媽媽　所以她也算是在教學中沒參與互動的人群之一？

葉媽媽　另外有兩位家長，也提起他們的孩子在課堂上沒被指名發言或回答問題的事，今天因為有事不能來，要我們代他們向老師表達關切。

宋媽媽　王老師，我們不是來怪罪您，只是希望藉由這個溝通機會，表達我們的關懷，希望每個孩子都能在課堂上感到被重視、接受、期待和鼓勵。

王老師　我是堅信有教無類的老師，但在教學當中，確實忙碌於跟部分學生互動而忽略了其他同學的參與。也許是我太重視學生的主動性，疏忽了那些有待帶領或引導的學生。鼓勵和引導他們參與學習是我的責任！

葉媽媽　我自己當學生時，是屬於愛跟老師互動的學生，上課時常盡量找機會發言，也相對剝奪了其他同學參與的機會。現在想起來，很對不起那些機會被剝奪的同學。

王老師 您們今天來，也提醒了我一個教學原則：上課的時候，不要只顧著與少數同學熱烈互動，而忽略其他同學的互動學習機會。

葉媽媽 王老師，您真的是個好老師，不但虛心接受我們的關切，也展現出改善問題的誠意與決心。

王老師 我了解您們的意思，我也會檢討跟反省自己之前的教學方式，希望可以讓這個班成為真正有教無類的典範。

媽媽們 多謝老師。

小叮嚀

當我們評鑑一教育實踐是否達成「有教無類」這個口號時，我們常把焦點放在學生的屬性上，如學生的性別、資質、家庭的貧富、家長的社會地位，甚至於族群的歸屬等。如果學校或班級裡包容著來自不同屬性的學生，我們便自豪地宣稱已成功做到有教無類，卻忽略了學生的學習是否「機會均等」，說穿了，也只是做到有教無類的表象而已。

換言之，在教學活動中，每個學生要有同等受教的機會，包括在課堂上發言與答問的機會。也許有老師會說，他們已給予學生同等受教的機會，有些學生卻選擇不發言、不舉手、不答問，老師只好讓那些愛發言、舉手、答問的學生占有教學互動的時間。須知，學生不參與互動，與不良的班級教學有關，年級愈高，這種情況愈嚴重。

心疼兒女的葉媽媽、溫媽媽、宋媽媽等，當面向王老師提出她們的共同關懷，請王老師在忙碌於跟部分同學互動時，不要忘記其他同學的同等參與機會。老師若能注意這類實質的教學問題，教育品質才得以提升，學校才能成為優質的教學園地。

人人具有值得欣賞的特質

丁秀嫚在收看某一電視訪問節目時，看到一位心理學家呼籲老師與家長多多欣賞我們的青少年，她高興地跳躍起來，大聲說「我雙手贊成」。她與班上同學商討後，請諮商中心的鄭老師到班上來討論這方面的問題，希望藉此提升大家對此問題的重視。

丁秀嫚　老師，有一位心理學家希望老師與家長多多欣賞青少年，這一點我非常同意。

鄭老師　妳覺得為什麼那位心理學家有這個呼籲？

丁秀嫚　我想她在強調大人應該注意青少年有待發展的身心特質。

鄭老師　可不可以告訴我你們有哪些特質希望大人來欣賞呢？

莊以德　有啊，例如我好奇啊！

周邦維　我有創造力，我愛創新啊！

鄭老師　這些都是難得的優點，該被欣賞才是。

周邦維　可是就有老師要我把課業顧好，不要胡思亂想、標新立異。

于思　我誠實，也直爽。可惜爸媽從不當眾或私下表揚我有這個優點。

姚智偉　我有強烈的正義感，樂於為公義奮鬥。

周邦維　對了，我還有個特質：我時時保持樂觀、輕鬆，不會緊張兮兮的。

鄭老師　真希望大人們能注意這些優秀的特質，否則對你們太不公平了！像我就很欣賞、羨慕那些有樂觀與輕鬆特質的人！

秦念祖　我相信自己的理念，也堅持合理的想法，可是偏偏有人說我頑固，做人真不容易！

張曼玲　我愛讀有益的課外讀物，爸媽卻不很高興，說怕會影響學校的課業。

陳永明　我愛交友，好友一籮筐，媽媽卻戲稱他們為幫派，經常提醒我要小心。不曉得爸媽什麼時候才會對我的交友有信心。

鄭老師　你的朋友們跟你父母有打過招呼或互動嗎？

陳永明　沒有。

鄭老師　也許增加一些互動會減少不必要的憂慮。

陳永明　我沒想到這一點，謝謝老師的建議。

鄭老師　我們班上的同學有這麼多不同的人格特質，只可惜它們被忽略了。你們覺得為什麼老師和父母會忽略你們的特質？難道他們的價值判斷有問題？

莊以德 我想他們都過分重視學業，尤其是跟升學有關的學科成績。好成績就獲得欣賞，其餘免談。

丁秀嫚 沒錯，你說的就是我爸媽的心態。我功課好時，就是爸媽的好女兒；功課一不如意，我再好的特質也沒有被欣賞的份了。

鄭老師 我知道還有很多同學沒舉手，一定有許多值得大家欣賞的特質。從剛才的發言，我已經體會到你們的感受。你們希望老師和父母都能接受、欣賞你們的特質，如果你們的優點被忽略，我也會感到可惜。

丁秀嫚 謝謝老師了解我們的優點。

鄭老師 不過你們有沒有注意到，在這個比較含蓄的社會文化裡，一些老師和父母常在默默地欣賞你們的特質，只是不露聲色而已。例如我們跟歐美社會裡的父母一樣疼愛子女，可是我們不像他們一天到晚說"I love you"。不說「我愛你」並不表示不愛，只是我們習慣用眼神或肢體語言來表達情感。

于思 我喜歡有什麼就說什麼，不說「愛」等於沒有愛；不說「欣賞」等於不欣賞。

鄭老師 如果我們都能兼用肢體和語言，來溝通訊息與情感是不是更好？

丁秀嫚 對啊，讚美的話聽在耳裡、樂在心裡，不是嗎？

鄭老師　現在我要大家回答另一個問題：「爸媽有沒有值得你們欣賞的特質？」

同學們　有！

鄭老師　你們有沒有當眾或私下稱讚父母的優點呢？

（默然片刻）

秦念祖　有過，但很少。我曾對媽說：「您好棒哦！」

鄭老師　為了表達對別人特質的誠心欣賞，我們先從自己做起好嗎？

丁秀嫚　我懂了，老師要我們帶頭去注意和欣賞別人的特質。

于思　我要馬上讓爸媽驚喜，要大聲稱讚他們的優點。

周邦維　希望我們這麼做，父母可以回過頭來稱讚我們。

于思　希望如此。

鄭老師　萬事總要有個開頭，如果你們能開始表達對他人的欣賞，我相信很快地就會引起響應。這樣做有幾個好處：第一，大人會感到你們的成熟懂事；第二，使個人的特質受到欣賞而更加發揮；第三，減少特質不受重視的誤會；第四，不讓只有與課業有關的特質，像是用功讀書，獨占大家的注意。

周邦維　哇！老師的分析能力真驚人。

鄭老師　我想有人開始公開欣賞我的特質了。謝謝大家。

小叮嚀

重視學業成績或升學競爭本身不應該是問題，可是因課業第一或升學至上而引起的負面影響，卻值得我們去注意與警惕。例如，由於過分強調學業成就，老師和父母只嘉勉或獎勵如聰明、勤學、服從、安靜等與課業表現有關的個人特質，也因而忽略好奇、創新、存疑、自信、獨立判斷、輕鬆自在、擇善固執、愛好藝術等屬性。這些被忽略或抑制的屬性，卻是青少年將來生涯成敗的關鍵因素。

心理學家的提醒、丁秀嫚同學的響應與鄭老師的啟發，使我們感到欣賞他人特質的必要性與可行性。誰說師生與父母只能聚焦於學業而忽視生涯？

給我機會做決定與負責吧！

元凱是個國中生，令父母不解的是，課後與週末他總愛待在余英男同學家。父親問他原由，他不肯說；母親留他在家，他沒意願。元凱的父母只好請求張班導師幫忙，希望可以解決難以釋懷的問題。以下是張老師與元凱對這個問題的互動情形。

張老師　元凱，你有個很好的家庭、有熱心教育的父母，你會不會以此感到驕傲？

元凱　還好，老師為什麼問這個問題？

張老師　最近我跟你母親通過電話，她順便提起你似乎不愛待在家的事，我想要有所了解。你不介意吧？

元凱　（低頭，保持沉默）

張老師　你我都應該時常學習如何面對問題、解決問題，不是嗎？

元凱　老師，我不是不想說，只是覺得丟臉。

張老師　你放心，老師會替你保密。不過，有問題如果不去面對，將來可能會後悔喔！

元凱 我在家除了念書，什麼都不用做，爸媽不讓我做，我覺得自己很無能。

張老師 所以你逃避，去英男家？告訴我，為什麼到他家呢？

元凱 去他家讓我覺得自己有用，覺得被尊重。

張老師 怎麼說？

元凱 英男的爸媽常常給他挑戰、讓他自己做決定，所以他做起事來很起勁，雖然有些壓力，卻感到快樂。他常讓我參與其中，使我分享到真正的成就感。

張老師 你的意思是，你在自己家缺乏這樣的機會？

元凱 在我家什麼都由爸媽決定。吃什麼、穿什麼、用什麼、去哪裡，甚至於看什麼電視節目都由爸媽決定。例如，全家上餐廳，我跟妹妹只能坐下來等食物上桌，我們沒有點菜或選菜的份。

張老師 你覺得爸媽為什麼那樣做？

元凱 不知道。不過他們老說我們小孩還不懂事，不放心讓我們自己來。

張老師 你想有沒有可能是出於父母對子女的過分保護？

元凱 大概是吧。老師，我想要有機會做決定，想要學習如何為自己的決定負責。我常想，英男他們家可以，為什麼我們家不能？

張老師　你的想法很正常也很合理，現在的問題是如何讓你的父母知道，並且放心試著讓你能夠自己去做決定與負責任。

元凱　請老師告訴我父母，我愛他們，只是他們的過分保護使我感到無能、沒用。我不是愛去英男家，只是希望待在可以挑戰自己能力的地方。

張老師　我知道了，我會找時間邀你父母和你，一起來好好面對跟討論這個問題，希望可以有一個能讓你做決定與負責任的家庭環境。

元凱　謝謝老師。不過，我爸媽會那麼容易改變嗎？

張老師　你也要挑戰我？給我一個改變你父母想法和做法的機會。

元凱　（不禁笑了起來）老師，謝謝您讓我卸下心防、可以面對自己的問題跟未來。

張老師　讓我們一起努力吧！

小叮嚀

關心、愛護子女是天下父母心，可是父母的想法與做法多有不同：有的想磨練子女以鍛鍊其心志；有的不管子女令其自由發展；有的管制子女要求紀律嚴明；有的挑戰子女讓他們發揮潛能；有的不讓子女做事或負責，以免子女受挫或受到傷害。子女若喜歡待在外面，父母應要有所警惕；子女若不願透露祕密，往往有其隱情。

元凱愛待在同學英男的家中，一來可以逃避自己在家所感到的無能與無用，二來也羨慕或分享余家子女受到父母挑戰的可貴經驗。他渴望在家擁有做決定的機會，希望父母賦予負責任的挑戰。所幸後來得到張老師的了解、肯定與支持。

希望家長與學校能互助合作，珍視這方面的問題，以增進青少年的身心健全發展。

有自信才會有成就

余建華是個非常乖順的國小五年級學生，也是父母的寶貝，父母對她有很高的期待。不過使余媽關心的是，與一些同年齡的同儕相比，建華顯得特別沒有信心，比如建華事事要看有別人先做才敢做；做事也非常介意他人對她的看法。心疼女兒如此缺乏自信，做父母的除了頻頻口頭鼓勵外，也不知如何去協助她增進信心。他們甚至懷疑建華天生膽小、怕羞、退縮、保守，才會那樣缺乏自信。由於愛女心切，在獲得建華的首肯後，全家便一起去請教一位校內的邱諮商師。

余媽　謝謝老師答應協助建華。

邱諮商師　那是我的職責，我會盡力。我已經看過有關建華的相關資料。

余爸　建華缺乏信心是不是天生的？所以不好改變？

邱諮商師　天賦只是一種心理傾向，自信是可以經過後天的努力去建立的。

余媽　那我們就放心多了。建華，老師有信心，妳說呢？

建華 謝謝老師。

余爸 請問老師，有自信的人內心是怎樣的？我的意思是怎樣才算有自信？

邱諮商師 一般而言，自信心高的人，對自己的能力相當肯定、樂觀，也有相當高的自尊心。因此面對挑戰時，勇於接受，不會畏怯。

余媽 這樣的人難道不怕失敗嗎？

邱諮商師 自信心高的人，能從成敗的經驗中去看現實世界，能合理地配合工作的難度與自己的才幹。所以他有清楚的目標、有成功的期待、有遭遇可能失敗的心理準備，也有達成目標的具體步驟。

余爸 看來要建立自信並不簡單。

邱諮商師 事實上，這不是簡單或困難的問題，而是成敗經驗的累積以及後果的處理問題。

余媽 對不起，我不太懂剛才老師所說的。

邱諮商師 抱歉。簡單地說，自信來自經由努力而獲得成功的親身經驗，而且其成就與所伴隨的快感，也會獲得他人的認同，尤其是來自重要他人的讚賞。

余媽 我懂了。可是什麼叫重要他人呢？

邱諮商師　對建華來說，基本上是指父母、師長，或要好的同儕等人。

余媽　建華，你不也有很多成功的經驗嗎？例如妳成績不錯，功課都有做好並且按時交上，也沒什麼大的失敗啊！

余爸　老師不是說過，自信心高的人，肯定自己的能力；不僅樂觀，也有高的自尊心、勇於接受挑戰。我想建華只是在做該做的事，可能不會有什麼成功的滿足感。

建華　對不起，是我不好。

余媽　不要再責怪自己了！

邱諮商師　在還沒有提出具體的建議以前，我們大家都應該有些正確的心理認知。第一，世上很少是完美無缺的；第二，每個人都有優點和缺點；第三，自信是逐步建立的；第四，建立自信需要自己的承諾與環境的合作。

余爸　過去我們家就缺少這方面的心理準備。例如，我們太講究面子、怕失敗，什麼都不敢試，也不懂得怎樣才能幫建華建立信心。

余媽　建華，老師說要建立信心、大家要有承諾，妳接受嗎？

建華　我願意。

余爸　老師，不論要做什麼，我們做父母的一定會努力以赴。

邱諮商師　有承諾，就是好的開始。其次，我要你們回想有什麼會令自己感到不安的。就由建華由妳先開始吧！

建華　（低頭不語）

邱諮商師　妳剛才不是有承諾嗎？

建華　對不起，我不敢說，因為爸媽對我太好了。

余媽　建華，妳是說爸媽使妳不安，真的嗎？

建華　（低頭，臉色泛紅）

余爸　沒關係，妳儘管說，爸媽不會責怪妳。

邱諮商師　建華，爸媽說了什麼或做了什麼使妳不安？

建華　他們一直叮嚀我，叫我別試這個或別做那個的，看他們那麼緊張，我什麼也不敢試了。

余媽　我只是怕妳做不好，怕妳失敗，受不了、吃不消。看妳事情沒做好而難過的樣子，我覺得心疼啊！

邱諮商師　余先生，余太太，我完全了解您們對子女的關心與愛護。我們來聽聽建華的感受與心聲吧！

余爸　是啊，我們不能只顧自己的看法而忽略孩子的感受。

邱諮商師　建華，爸媽怕妳受不了挫折，妳怕他們不開心，所以不敢放心接受挑戰，是嗎？

建華　我想是吧！

余媽　建華，妳是聰明人，對自己要有信心啊！

建華　（低頭不語）

邱諮商師　余太太，信心來自成就感，來自接受挑戰與奮鬥，並從中獲得自我能力的肯定與滿足。

余爸　老師的意思是，建華過去的成就不是來自積極地自我挑戰，而是消極地順利完成工作，所以沒有機會肯定自己的能力，自信心就難以建立？

邱諮商師　余先生解釋得很恰當。所以父母教養子女應該多鼓勵、少批評。

余媽　批評子女不是為子女好嗎？

邱諮商師　這樣做只對了一半，因為子女從工作的成敗中自我檢討，會比父母從旁檢討來得更切身；從成敗中自我檢討是一種富有價值的學習歷程，對個人的身心發展意義深切。余太太，由父母指出錯誤比子女自己悟出錯誤或許省時省事，但這樣做不僅可能引起子女的不快與反彈，也錯過子女自我建立信心的機會。

余爸　這麼一說，我們自以為對子女照顧周到，其實反而出現了反效果。

邱諮商師　余先生言重了。其實，建華頗有潛力，只要我們稍微改善一些做法，她的自信心會逐漸建立起來。

余媽　請老師多指教。

邱諮商師　我們可以幫助建華建立自己的目標、了解自己的優缺點、學會接受挑戰和一時的挫折，同時也在平時培養幽默、樂觀的積極態度。

余媽　老師，我現在懂得「失敗為成功之母」的意義了。恐懼失敗而不敢嘗試就沒有成功的機會；沒有成功的體驗與榮耀，哪來的自信呢？

建華　只要爸媽當我的後盾，我不怕失敗，我也希望得到更多的成功和自信。

余爸　多謝老師的指教，希望不久之後大家會看到比現在更有自信的建華。

邱諮商師　建華，妳有這麼好的爸媽，我為妳感到驕傲。

建華　謝謝老師！

小叮嚀

缺乏自信的人不僅不敢相信自己，也懷疑別人，更不易被他人所信賴，這是多麼不幸的人生！一般而言，成功栽培自信，自信促進成功。然而，沒有失敗和挫折，襯托不出成功的喜悅；沒有失敗的教訓，無法保障成功的來臨。因此要想成功，就不應害怕失敗，有了這一層心理準備，才會勇於接受挑戰、才有獲得成功的滿足感，也才能建立信心。

建華及其父母勇於面對問題，誠心接受邱諮商師的指導，使建華有機會在家長與老師的協助下，重新獲得信心與成就感。我們的身邊是否仍有許多像建華一樣缺乏自信的青少年，正在等待著我們伸出援手呢？

2

學習與記憶

學會讀書與畫記的要領

朱迅是個非常心細且用功的高一學生，在校成績一直屬於中上程度，學校的成績報告充滿嘉獎與勉勵的詞語，在家做功課也不必父母費心去監督或協助。一天，媽媽幫他收拾桌上的書本時，無意間看到他課本裡的本文幾乎全被黃顏色所掩蓋，僅有幾字不被畫筆畫記。她心想：難道課文的每個字都那麼重要，非要畫記不可嗎？媽媽覺得朱迅的讀書方法有改善的空間，於是母子兩人一同去請教附近一所大學圖書館的周主任。三個月後，朱迅的學業成績果然更上層樓，他們將成果歸功於閱讀書本習慣的改善。以下看看他們當初是如何討論出讀書與畫記的要領。

朱迅　周主任好。多謝您答應媽媽的請求。

周主任　不用客氣。你的媽媽不僅關心你的學業，而且懂得活用社會資源。你們找我，可找對人了。我對閱讀這方面有些研究，也有些心得，正可以跟你們分享。

朱迅　謝謝周主任。

周主任　首先，我想先聽聽朱媽媽所關心的重點。

朱媽　是這樣的，我在無意中發現朱迅所讀過的課本，不管新舊，都被畫得密密麻麻的，連我都分辨不出哪些重要、哪些不重要。難道被畫記的都重要嗎？

周主任　朱迅，你是不是可以解釋一下？

朱迅　我也不知道為什麼，只要看新課文或新資料，我總是習慣地用黃色螢光筆跟著視線畫過去。

周主任　所以，畫記表示念過？

朱迅　（點頭）

朱媽　那你複習課文時，不就等於重複再念它了？

朱迅　是的。

朱媽　所以你的這些畫記對複習就沒啥用囉？

朱迅　我想，應該沒什麼幫助吧！

周主任　朱迅，其實你媽媽說得有道理。一般來說，畫記通常會被用來作為更重要的符號或線索。例如，它可以指出重點、要義，提醒自己不可忽略或不該忘記的部分。每篇文章或段落都有其重點，重點以外的文詞是用來為重點做敘述、解釋、強調、補充或舉例之用。

朱媽 所以對重點和必需注意的部分予以畫記，複習時只要重讀被畫記的部分，不就夠了嗎？

周主任 沒有錯，一般畫記的用意的確是這樣。畫記如果太多，反而會分散自己的注意，對於學習、複習，較沒有太大的幫助。朱迅的畫記習慣在重讀課文的時候，可能還得重新找出重點或該特別注意的部分。

朱迅 周主任，如果依照您的說法，是不是有什麼可以改變畫記的建議？

周主任 你自己的答案呢？

朱迅 我想，念新課文時先不要做任何畫記，等念完一個段落或整篇文章後，知道重點在哪裡、哪些是必要記得的，再回過頭去畫記。這樣對嗎？

周主任 的確，但是在面對新課文時，不必一開始就去細讀它。我建議你，先大概看過一次，以獲得整體的大意或概念；然後細讀的時候，再將重點或自己覺得必須注意、記憶的部分畫記上去。如果文章所說的重點與其闡述，已經清晰地儲存在你的記憶裡，即使重要，也不必去畫記。畫記主要是在提醒你，複習或重讀時該注意或記得的部分，讓大腦的資訊不致於因過分龐雜而影響記憶的儲存與提取，你的複習效率也會大大提高。

朱迅　周主任，為了建立一個新的閱讀與畫記習慣，我需要媽或主任的協助，幫我決定今後所用的畫記是否適當。

朱媽　我會盡我的責任，有問題時我們再來請教周主任，好嗎？

周主任　沒問題，歡迎隨時來找我。

朱迅、朱媽　謝謝周主任。

小叮嚀

我們的學子功課已經十分繁重，如果讀書不得法，不僅費時費事，成效也不彰，他們在身心上所受的煎熬，我們忍心看下去嗎？協助他們減輕繁重功課的負擔，不僅是教育家應有的責任，也是學子們樂意接受的。

朱迅閱讀課文時使用比較缺乏效率的畫記方式，朱媽為此尋求社區專家的協助改善——若老師和家長平時能注意學子們的學習態度、方法和習慣，不把焦點全放在學習的結果或成績上，便有機會協助學子們改善其學習效率，使學習變得更輕鬆、愉快而且有趣。我們時常提醒學生們要努力、要用功，也該注意他們在用功時是不是得法、有效。

我要知道如何做好筆記

士豪是個極用功的高中生，在求學中唯一感到遺憾的是，他覺得一些同學的筆記非常簡潔有用，自己卻做不出那麼有助益的筆記，他決定去請教輔導處的邱老師。

士豪　老師，我什麼都行，就是不會做筆記，考前只好借良禎的筆記幫助複習，您能不能教我做好筆記的祕訣？

邱老師　你會提出這個問題很好，希望其他人也可以跟你一樣來關心這個問題。你說的「不會做筆記」，是什麼樣的情況？

士豪　我上課做筆記時，只要老師一開講，我就忙著記下我所聽到的內容，結果經常顧此失彼，既沒法記全，又要左顧右盼地去抄鄰座同學的筆記，甚至回頭打擾詢問。

邱老師　你有沒有將你的筆記和良禎的筆記相比較呢？

士豪　有啊！

邱老師　比較的結果呢？

士豪　他的筆記是記要點，而且結構很好，行與行之間有空間備用，看起來像結構圖或系統表一樣，棒得很。

邱老師　你覺得自己的筆記呢？

士豪　既多、又亂，也不完整。

邱老師　為什麼不能也簡潔地只記要點呢？

士豪　我怕只記要點會把內容忘光，所以就會忙著也記下內容。

邱老師　如果你只記下重點，不是有較多的時間去專心聽講嗎？

士豪　是不是我太忙於做筆記，不能專心聽講，以至於回憶零亂，沒法完整？

邱老師　你說得很好，再加上你如果只忙碌做「紀錄」，沒辦法專心聽講，就不能分辨哪邊是重點、哪邊比較無關緊要。而且事實上，「聽」跟「寫」要能適當地配合，才能幫助記憶的保持。

士豪　可是，只記要點、摘要、大綱，怎樣才能記住內容？我嘗試過只記要點，結果到考前複習時，內容都給忘光了，這是我所憂慮的。

邱老師　其實大家都差不多，聽講時只記要點，事後若沒有加以整理或複習，都會忘記，只是忘記的程度不同罷了。

士豪 所以做完筆記還要抽空整理或複習？

邱老師 沒錯，做完筆記後隨即加以整理或複習，是非常有用的做法。第一，它費時不多，因為記憶猶新；第二，可以藉此機會做補充、修改或整理；第三，它等於做一次複習。

士豪 我懂了。不過有些老師會發綱要式的講義，是不是就不必做筆記了？

邱老師 綱要式的講義可以使你們對講課有個概念，知道老師要講什麼，學生也可因此不必忙著抄筆記，現在很多老師在使用它。但這並不表示不用做筆記了——有了講義，你們固然可因而專心聽講，但老師也應該鼓勵學生做必要的補充、記下反應或評語等，以發揮手腦並用的效果。

士豪 老師，做筆記既然那麼重要，能不能經由練習來改善呢？

邱老師 當然囉！我可以協助你做必要的練習。但在此之前，你需要先做一項練習，你願意嗎？

士豪 請告訴我。

邱老師 你可以試著在閱讀報章雜誌時學做筆記，因為閱讀時你可以控制速度，逐漸訓練自己從所閱讀的段落中摘錄出要義。

士豪　閱讀時我可不可以用彩色筆直接從文中畫出重點？這算不算做筆記？

邱老師　用彩色筆畫出重點和用自己的詞語做筆記不同。前者是去標出作者所說過的重要文句，後者則是用自己的話語來表達所讀段落的要義。

士豪　老師的意思是，不管是從聽的或從念的，我要練習從一大堆文字中概括出要點？

邱老師　你已經了解我的意思，剩下的就要看你學做筆記的毅力了。

士豪　我知道了，謝謝老師。

小叮嚀

在教學上被重視的，多數是教學的結果或成績，比較忽略要達到理想成績的學習技巧，其中最被忽視的是學生做筆記的能力。雖然做筆記的策略或技巧因人而異，但做好筆記對於聽講或閱讀的理解、綜結摘要、提供文章整體概念等，皆有很大的助益；好的筆記結構良好、系統分明，不僅有助於記憶的保持，也能增進學習。

因此教師應訓練學生做好筆記，提升筆記的品質，並善用自己的筆記幫助學習。相信士豪的經驗、心聲，也是許多學生會發生的問題，邱老師的處理方式值得老師與家長們參考。

增強記憶有祕訣嗎？

永裕是個國中生，常說自己不是不用功，只是記憶差。眼看熟悉的幾位同學都比他容易記憶所學，於是經由父母的鼓勵，他親自請教由教務處推薦的范老師。

永裕　老師，我不知道是不是念書的方式不對，上課學習以後忘得很快，即使死命強記也事倍功半，不曉得怎麼辦，您可以幫我忙嗎？

范老師　當然，我非常樂意幫你這個忙。首先請告訴我你都是怎麼去記憶上課的東西？

永裕　通常就是老師上課講什麼，我就直接記在筆記本上，然後再去背這些東西。

范老師　就只是這樣而已嗎？

永裕　對吧，一般上課學習不都是這樣子嗎？老師講什麼、我們就記什麼。

范老師　這就是你的問題之一。

永裕　為什麼？

范老師　如果你只是很單純地去記憶老師上課講的東西，沒有將這些東西再經過進一步的消化跟整理，你的學習就不夠深入，沒去探索所學本身的意義，也沒有和自身的日常生活做連結。對所學本身若不深入、沒有意義、不切身，在大腦裡便不會被深層處理，也就不容易牢記。如果學習是被動的，只能靠死記死背來維持，記憶效果是非常有限的。

永裕　所以我在做法上出了問題？

范老師　如果你對所學會好奇、有興趣去探索、進一步設法解決難題，自然就會有較好的記憶效果。

永裕　這麼一說，我雖然不知道大腦如何處理訊息，但也大概聽懂了，我會照老師所說的去改善。

范老師　還有，你是如何預習和複習功課的？

永裕　就是將筆記和課本反覆地閱讀、背誦。

范老師　你有沒有聽過 PQ4R 的學習策略？

永裕　沒有。

范老師　PQ4R 指的是預習 (Preview)、發問 (Question)、閱讀 (Read)、思考 (Reflect)、覆誦 (Recite)、複習 (Review) 六個學習步驟。它的效果已經被證實是很有用的。

永裕 老師的意思是說每學一個單元都要依循這六個步驟嗎？

范老師 如果需要的話，盡量包含這六個步驟。面對一篇文章，你先整個大致看過一遍，初步了解內容，這是預習的功能；接著自我發問，引起求知的動機，這是發問的功能；然後細心閱讀文章，以便答問，這是閱讀的功能。其次，對內容的要義做各種思考，例如與已知的材料相連結，這是思考的功能；再者，以自己的語言從頭到尾重述文章的內容，這是覆誦的功能；最後，以摘要方式完整地複習文章，也就是複習的功能。這樣做，比你所說的反覆閱讀與背誦要有組織、有系統，也就更能協助記憶的維持。

永裕 我不知道念好書要經過那麼多步驟，難怪我沒把書念好。

范老師 只要你有心，還來得及。還有一個要訣你可以作為參考。

永裕 請告訴我。

范老師 多給記憶材料提供線索，孤立的經驗而沒有聯想的線索，是很難記憶的。

永裕 可不可以請您舉例呢？

范老師 例如，有人向你自我介紹時，如果只點個頭、報個姓名，你回憶他的線索便很有限。如果他還告訴你家庭近況、嗜好、發生在他身上的趣事，你回憶起他的機會自然大得多。常會聽人家說「我好像在哪裡見過他」，就是有了地點的線索。

永裕 老師這樣舉例，我比較懂了。

范老師 所以你在上課時，除了聽講之外，也可以做筆記、發問、評論、建議等，這樣做，對事後的回憶會有很大的幫助，因為你提供了多樣的學習情境作為聯想與回憶的線索。

永裕 謝謝老師，我現在知道要怎麼改善我的問題了。

范老師 那讓我來考你一下。為了增進記憶，我有哪些建議？

永裕 要對所學能好奇、有興趣、去探索、去延伸或解決難題，這樣的學習才能深入、切身與有意義；您也建議我採用有預習、發問、閱讀、思考、覆誦、複習六個步驟的 PQ4R 學習策略；你還鼓勵我多替要記憶的材料提供各種聯想線索。

范老師 很好，這證明了只要你的學習態度和方法正確，就會有良好的記憶效果。增進記憶還有一些其他的技巧，必要的時候我會再跟你分享，希望你即刻開始依照建議去做。

永裕 謝謝老師，我也代表爸媽向老師致謝。

小叮嚀

我國的學生大多非常用功，但成績不一定如願，原因之一就是缺乏適當的學習態度與學習策略，使記憶所學發生困難。許多學生的學習只是為了考試、升學，對所學本身缺乏動機、沒有興趣、不予思索，沒有與自身的生活相連繫，因此所學對自己毫無意義可言，只好死記或死背，記憶難以保持。換言之，只有對所學能好奇、有興趣、去探索延伸等，學習才能深入、有意義。

永裕所感受的學習與記憶問題，是目前許多學生所遭遇的典型問題。幸好在主動尋求范老師的指導後，發現自己的學習態度與學習策略有待改善。希望學生、老師與家長們都能重視這個問題，使學習更有意義、更能記憶，進一步減少死背或死記所耗費的時間與精力。

培養閱讀的興趣

彭雅惠是某國中的國文老師，她一有機會就到國外去觀摩中小學教育。令她印象最深的莫過於對閱讀的重視——從國家第一夫人的大力倡導，到中小學校長鼓勵學生在暑期中至少要閱讀多少本書。反觀我們的中小學生，書包裡主要的書本只有教科書、參考書和練習簿，殊少由老師指定閱讀的課外書籍或雜誌。學生在學校、家裡或圖書館所勤讀的，多半都是書包裡的那些課本或參考書，她很少看到學生在課後閱讀與教學有關的課外讀物，也從未遇到學生討論關於課外書籍的話題。所以她決定從她教學的班級做起，培養學生的閱讀興趣與習慣。以下是彭老師在這方面的想法與做法。

彭老師　上星期的閱讀測驗，你們已經拿到改好的考卷了，你們覺得考得怎麼樣？

陳致遠　不難啊！我只不小心答錯了一題。

李克勤　我閱讀的速度比較慢，感覺時間比較不夠，只寫完三分之二的題目。

蔡美美 文章中提到的一些事，我曾經看過，但記憶模糊，所以答題時沒有太多信心。

郭文忠 我爸媽說，我應該把花在網路遊戲的一部分時間，移到閱讀報章雜誌上面。

彭老師 你怎麼說？

郭文忠 我說：「好啊！但是該閱讀哪些呢？」他們說會再請教老師。

彭老師 克勤，你閱讀速度慢，覺得可能是什麼原因造成的？

李克勤 我除了課本，很少接觸課外讀物，我家一直都沒有訂報紙或雜誌。老實說，我連一本小說都沒念過。

彭老師 你家境還不差，怎麼會家裡沒有報紙、雜誌或課外讀物讓你看呢？

李克勤 我爸媽很少看那些東西，所以他們不管我課外閱讀的問題。之前老師在聯絡簿上建議我改善閱讀，我爸因為這樣反而說我笨，他說聰明人一念就懂。

彭老師 緒方，說說你哪來的閱讀興趣和能力？

孫緒方 從小我媽就會在睡前講故事或念故事書給我聽，後來經常買書讓我在家看，家裡大書架上堆滿了我和哥哥姐姐念過的書。我們全家人都愛閱讀，覺得閱讀實在很有意思。

張雅惠 這次閱讀測驗我考得還算滿意，如果是兩年前，我一定考得很差。這兩年來，

彭老師　我盡量找時間去閱讀報章雜誌，不但閱讀速度加快、理解力提高，知識也豐富多了。在改善閱讀方面，我要感謝歷史老師和爸媽的從旁協助。

彭老師　從你們的意見其實可以知道閱讀本身的重要性，除了可以獲得課外的知識以外，也是一種很好的休閒消遣。

郭文忠　老師是不是有一套改善我們閱讀能力的辦法？

彭老師　如果大家覺得需要的話，我的確可以提供給你們做參考。

（除傅立萍外，其他同學齊聲表達歡迎）

傅立萍　我們的課業壓力很重，有時間閱讀課外讀物嗎？

郭文忠　老傅，你是不是有什麼顧慮？

傅立萍　我只是擔心時間不夠啦！

彭老師　我可以理解你的想法，事實上閱讀能力一旦改善，不但閱讀速度加快，理解力也會提高；況且閱讀興趣提升，知識與視野也會因而擴大，可以說是一舉數得。

郭文忠　老師您說得很有道理。

彭老師　閱讀能力是逐漸累積的，例如詞彙、速度、流暢度、理解力都是可以逐漸改善的。你們每個人已經有不同的閱讀習慣和能力，所以我打算另外再給你們一個可以提高自己閱讀能力的功課。

陳致遠 我們需要做什麼準備呢？

彭老師 除了要拿出主動積極的態度，我也希望你們可以和家人合作；我規劃的閱讀訓練教材，只要大家用心配合，相信應該會有不錯的效果。

張雅惠 老師大概會怎麼做呢？

彭老師 首先我會從你們各人既有的興趣開始，然後逐漸擴大到相關的領域。其次，每星期會有閱讀心得的報告、討論或評論。報告與討論閱讀心得，有助於發展你們的批判能力。

傅立萍 老師，閱讀材料由誰決定呢？

彭老師 第一學期我會慎選閱讀材料後給你們挑選；第二學期，部分就會交由你們根據既定的標準去選擇自己閱讀的材料。

李克勤 那閱讀這部分算不算進我們的國文成績呢？

彭老師 為了鼓勵，我會以加分計算。不論加分與否，你們的閱讀能力與興趣一定會有顯著的改善，我也期待你們進一步帶動家人的閱讀文化。

小叮嚀

「閱讀是必要的」是西方文教界的座右銘。近年來我們的文教界也開始重視閱讀，為不同年齡層出版大量的讀物。可惜在升學主義的籠罩下，老師很少鼓勵課本外的閱讀，大多數的學生以熟讀課文為本分，各級學校的升學考試也以不超出課本範圍，來讓應試的學生和家長安心，提倡閱讀的美意幾乎成為空洞的口號，圖書館也多半成為「藏書」和「備考」的場所。

彭老師獨具慧眼，肯定閱讀對學生求知與休閒的關鍵性，在一般教學職責之外，決心盡力為培養學生的閱讀興趣與能力而努力。希望彭老師和學生努力的成果，會帶動全國新的閱讀文化。

看電視政論節目有益於學習嗎？

仲文與父母同看電視政論節目已有兩三年了。一開始是出於好奇，後來爸媽非要他參與不可，因而成為電視政論節目的忠實觀眾。由於他有功課的壓力，曾經嘗試減少觀看，但又覺得有些評論使他動心，於是決定向林老師請教，討論收看政論節目的益處。

林老師　班上難得有幾位收看電視政論節目的同學，你是其中之一。我想知道你收看電視政論節目的動機或理由。

仲文　我一開始是因為好奇，看爸媽老是一面看、一面爭論不休，為了了解他們為什麼話題而爭論，於是加入他們的行列。

林老師　這就是你所說的家中的多彩多姿嗎？

仲文　對啊，平常我爸媽感情很好、幾乎沒有爭吵，可以說是如膠似漆。可是在政治上，爸深綠、媽深藍，在選舉期間或看政論節目的時候就很明顯立場互異。

林老師　你會被夾在中間，或被要求選邊站嗎？

仲文　還好。他們風度很好，也尊重我的看法，不會要我選邊。我會支持好的論述，迴避偏激或情緒性的謾罵。

林老師　對你來說什麼是「好的論述」呢？

仲文　很簡單，要有深度和廣度。

林老師　你覺得為什麼「深度和廣度」那麼重要？

仲文　我總覺得過去我自己的一些想法或看法相當膚淺或狹窄，因此非常羨慕那些分析深入、見解廣闊的政論家，希望從他們身上學習分析問題與整合論述的技巧。

林老師　有實際收穫嗎？

仲文　好像有些收穫。例如，我現在看事情比較細膩，比較重視多方取材；在支持自己的觀點時，較能注意客觀事實的佐證，有時甚至會套用一些政論家的用字遣詞，作為表達的方式。

林老師　模仿是學習的主要途徑之一，你能善用它，非常可取，不過還是要注意到一些取捨。

仲文　老師，我知道您的意思。比如，應該避免意識型態主導一切，或缺乏公正態度之類。

林老師　不肯接納不同意見或有情緒性反應，也不該是我們模仿的榜樣。

仲文　另外，像我爸媽有個共同的優點，他們不會對政治人物做過分嚴苛的要求。例如，執政領袖一說話或反對黨領袖一建議，就被毫無保留地嚴詞批判。

林老師　許多事可以從正反兩面去看，只從負面去評論，未免有失公平。只是從目前的政論文化看，一些政論家仍偏愛負面評論。

仲文　那樣做，是不是比較刺激？

林老師　有可能，那樣做也許跟我們現在的政治文化有關。從長遠看，這不是「健康」的做法。政論家不僅有批評不良政治言行的職責，也有導正良好政治的義務。換言之，只知道什麼是錯，不知道什麼是對，對整個環境的改善貢獻有限。

仲文　對啊！我收看的政論節目裡面，政論名嘴在批判之餘，還願意指出什麼是好的或對的，實在不多。難道好事不該被認可嗎？我在想政論家若自己說對話，也希望觀眾認可吧！媒體常強調其職責是在監督政府，但我們常只看到「監察」的一面，少有「督促」的一面，真可惜。

林老師　你對政論的觀察很細膩、也很周全，非常不錯。這應該也是你收看政論節目的一大收穫吧！

仲文　沒有啦！我爸媽如果聽到老師剛剛的誇獎，他們一定會很高興。

林老師　我會找機會跟你爸媽分享我對你的讚賞。

仲文　謝謝老師。

小叮嚀

批判性思考能力是心理發展的重要領域。人類的複雜行為多靠批判性思考來主導，以確保其目標的正確性、途徑的合理性、手段的合法性、人際的合情性，以及結果的道德價值。批判性思考能力可在正式課堂中學習，也可從社會活動中獲得。從比較樂觀的角度來看，良好的媒體政論節目可以協助學生從日常生活中，發展其批判性思考能力。

政論的對象是現實社會的政治百態，可以作為訓練批判性思考的素材，值得鼓勵適齡青少年在成人的輔導下觀看適量的節目。唯節目能否成為良好的教材，要看它本身是否健全、是否能提升學生以下的能力：區辨有關與無關資訊、決定來源的可信度、辨認陳述的假設、察出成見、找出邏輯上的謬誤、指認推論中的不一致性，以及確定主張的優點等。仲文與林老師的交談，有助於廓清我們的政論節目，是否能成為發展學生批判性思考能力的課外教材。

學英文要從土還是從洋？

順安正在徬徨，他想在課餘請家教補習英文，有人勸他找臺灣老師，有人勸他找外國老師，他不知如何選擇，因此與父母討論後決定去請教余老師。

順安　老師，我想課後請家教補習英文，可是一直無法決定請臺灣老師還是外國老師，想聽聽老師的意見。

余老師　這種選擇要看你補習英文的目的了。

順安　我主要是想把英文學好。

余老師　「學好英文」是很籠統的說法。學好英文有可能是為了要把英文課上好、學會日常對話、學會英文寫作，或者準備去國外留學等等，你覺得想要補習英文是為了哪一個目的？

順安　主要是先把英語課修好、考好。

余老師　為了修好或考好英語，你認為誰最了解我們的英語課教學呢？

順安 我想，應該找臺灣老師。

余老師 的確，臺灣老師比較熟悉我們英語課的教學目標、課程與評鑑方式，這些方面會比外國老師要適合。

順安 所以想要有流利的英語會話能力，就該請教外國老師囉！

余老師 你又說對了。尤其是日常英語會話，外國老師的說話技巧與習慣是很好的模仿對象，用字遣詞會較適切自然。我有個朋友剛到美國進修時，教授問他 "How come?" 他一時愣住，教授立刻再改問 "Why?" 他才會意過來。他說在他出國前從來沒聽過 "How come"。

順安 那學習英文作文或寫作也要找外國老師嗎？

余老師 那就要看你的需求了。國內的英文訓練非常重視文法或修辭，多數老師非常熟悉文法，外國老師如果沒受過英語教學的專業訓練，就不見得精通文法。如果你需要文法方面的協助，找個臺灣老師是個不錯的選擇；如果你已經有好的文法基礎，希望寫作時能自由發揮，外國老師可能會給你較大的幫助，這是我的看法。

順安 老師的看法很值得我參考。

余老師 哪裡。

順安 那我將來想去美國留學，請外國老師來教，是不是一個正確的決定呢？

余老師 如果你的英文閱讀能力不錯，但聽與說的能力有待加強，那是很適當的決定。在美國的課堂裡，口語表達的能力很重要，你不說話，人家會認定是你不懂。

順安 我們留美學生的英文問題在哪裡？

余老師 多數的抱怨是聽和說兩方面比較吃力。

順安 看來，聘請英文家教要考慮的因素不少，尤其要看學習的目的和需求。

余老師 除了你的學習目的和需求外，師資的好壞也要考慮。

順安 您是說，不論是臺灣老師或者外國老師，都要考慮他們的經驗或教學方法？

余老師 沒錯。否則前面所舉的各方優點就不一定能呈現。

順安 我會把今天所討論的要點跟爸媽商量，以便做最好的決定。

余老師 希望你盡快找到一個好老師。

順安 謝謝老師。

小叮嚀

學英文在國內已蔚為風氣，這是值得欣慰的事。由於師資的來源已有相當多的管道，一些外國老師的教學成果也還不錯，所以就有從土或從洋的討論。有能力支付外國老師教學的人，在聘雇之前應該慎重考慮自己的學習目標與需求，也要了解受聘者的教學能力，否則不一定能獲得外國老師所具有的特色與優點，甚至會浪費時間、精力與財力。

此外，現代的教學已經由以老師或教材為中心逐漸轉移至以學生為中心，在考慮聘雇老師時，受教者的心智能力、性向、興趣、學習形式、態度、動機、人際關係與價值判斷等，也都應該受到重視。

課業以外的解題能力也很重要

洪順吉在校成績還算不錯，可是他給人的印象除了讀書以外，似乎什麼事都做不來，如同典型的「書呆子」。已經是國中三年級了，父母雖不擔心他的升學問題，卻希望他能面對課業以外的適應問題。最令父母憂心的是，眼看鄰居孩子課後多能打工幹活或幫助家務，順吉這個孩子，除課業外，什麼都讓別人去處理。父母急了，雖苦勸孩子卻效果不彰，只好向曹老師請教。

曹老師　我非常感謝您們在百忙中抽空來關心孩子的問題。

洪父　哪裡哪裡，這是應該的，是為了自己的孩子好啊！

曹老師　很多家長應該向您們學習，把問題提出來，跟學校合作一起解決。

洪母　其實我們也是不得已，有事最好能自己解決，不應該麻煩老師才對。您教書認真是有名的，順吉非常敬佩您，他在家做功課不用催，也不需要大人監督，就是……。

曹老師 我了解，您們在電話中有提到了。

洪父 老師，您看阿吉的問題有救嗎？

曹老師 這就要靠個人的努力了。

洪父、洪母 當然當然，應該的。

曹老師 順吉有兄弟姐妹嗎？

洪母 有個姐姐，叫玉珍。

曹老師 她的情形呢？

洪母 她的功課算中上，家中什麼事都愛做、也蠻能幹的。

洪父 我們很以她為榮。

曹老師 您們看，為什麼順吉功課好，卻什麼事也不做呢？

洪父 我太太相當寵順吉，從小就不讓他做什麼家事。

洪母 不是不讓他做，看他做得慢，做不好又發脾氣，我怕他受不了挫折，只好幫他做了。老師，我是不是心太急、太軟了？

曹老師 我想，當媽媽的總是特別關心兒子，希望能直接幫他分擔事情，只是難免就衍生出類似順吉的狀況。

洪父　是啊！有時候我也看不下去，但又不好插手。

曹老師　我知道。順吉是個好孩子，他知道您們關心他的課業，也發覺到有人會替他分擔生活上的難題，於是他做了現在的選擇。事實上，年輕人在適應上很有彈性，只要擴大視野、給予挑戰的機會，以順吉的聰明才智，一定會有收穫。

洪父　老師覺得我們做父母的，要怎麼幫他多重視日常生活上的適應問題？

洪母　像是最近他去店裡挑一件上衣，回家後覺得它與褲子的顏色不合，卻不肯自己去換，硬要我代他處理。我該怎麼辦呢？

曹老師　我有個建議：您可以帶他到店裡去，從旁協助他，讓他學習如何處理這件事，並給予適當的鼓勵。

洪父　老師說得對，他的成績好是因為我們在他從小就從旁督導、協助、獎勵的結果。

曹老師　他在課業上的成就，使他對課業有信心、有興趣和成就感，也願意接受新的挑戰；可是在其他方面，他看不到這些可能，甚至害怕失敗可能帶來的挫折。

洪母　請問老師，順吉從課業上所學到的解題態度、技巧與步驟，能不能應用到日常解題上呢？

曹老師　雖然一般課業上的解題步驟，像是訂定目標、探索解題策略、期待結果、評鑑解題歷程與所學等，大體上可以應用在一些日常生活的問題上，但許多問題還是有它們各自的難度與策略。我想如果能透過實際的投入，從中觀摩練習，會是一個比較好的方式。

洪母　老師說得是，我們回家後會開始給他日常練習的機會，像督導他的功課一樣，一定要從旁耐心協助與獎勵。

曹老師　但是要注意的是，還是要漸進式、潛移默化的，也要避免影響課業。另外，為了能彼此配合，我會在學校裡給他適當的非課業問題，並協助他解題。

洪父　順吉有您這位老師的關懷與協助，實在太幸運了。我們衷心感謝老師今天對我們所面臨問題的分析、指導與鼓勵。

洪母　多謝老師。

曹老師　哪裡，有您們父母的熱誠與關懷，相信不久會看到應有的成效。

（一年後，順吉不僅考上理想的高中，也於暑期在一家速食店裡成功地擔任行政助理。）

在升學至上的社會風氣下，年輕學子日夜處於課業第一、分數至上的緊張氣氛之中，少有機會去關切如何處理日常生活與未來就業所面臨的問題，因此許多學業成績優良的學生們，幾乎成了只會念書、只顧成績的書呆子，對課業以外所面臨的大小問題，不是無暇過問、沒有興趣面對，就是慨嘆無能以對。這些學子一旦步出校門，並不容易立即適應社會上的待人處世與就業，也因而有些企業的主管，常要求新進人員「忘記過去學校所學」，重新給予培訓。

雖然有許多學子因在家必須分擔家務或幫助父母處理小型業務（如看顧店面），而學會一些待人處世的基本技能，卻仍有太多未來的公民及其父母，日夜聚焦於如何在課業與升學的成敗中掙扎，忘記了教育的真正目的，是不斷學習如何從問題中適應新環境的挑戰。

幸運的是，順吉的父母覺醒了，知道念書與升學固然重要，成為「有用」的公民更是重要；曹老師對問題的分析與對應的指引，使順吉有機會去擴大其人生的視野，去接受課業以外待人處世的挑戰。

社會需要有通識的人才

某大學外文系決定報考該系的學生免考數學一科，廖老師知悉後甚為憤慨，也異常憂心。他深知企業與社會各界希望徵求的是具有通識的專才，為此大專院校為學生廣開通識課程，難道該大學的做法是要回到文史學生不懂科技、理工學生沒有文藝修養的偏倚教育嗎？為此他決定與學生討論此事，也希望學生響應這一關切。

廖老師　你們滿意目前的升學考試方式嗎？

文彬　不錯啊！

廖老師　好在哪裡？

文彬　第一，題目不難；第二，我英文不錯，數學比較差，說不定將來報考外文系，可以免考數學。

廖老師　你是因為最近新聞，有大學外文系決定報考的學生免考數學一科，所以這樣說的嗎？

文彬 是啊，既然念外文，幹嘛還念數學？

廖老師 所以你也認為學外文的人就不必懂數學，是嗎？

文彬 對我來說，研讀外文何必扯上數學呢？

順凱 可是像我叔叔在美國當律師，現在卻在大學修機械工程，他的事務所希望他有這方面的專長。現在的律師不只靠辯才，還要有其他專才。

廖老師 沒錯，要在現代社會中競爭，必須具備廣泛的知識，以便在做重要判斷與決定時，不至於偏頗而不自覺。

淑惠 我同意老師說的。我爸爸是很成功的工程師，最近公司卻派他去念企管碩士班，也要他修一些人文課程。也許是這個緣故，他要我各科成績都要能均衡發展。

廖老師 通識的重要不只呈現在工作上，日常生活上也是如此。像我自己在大學時代並沒有通識課程，也因此雖然專攻化學，卻也缺乏文學藝術的知識基礎；另外像我老婆是英文系畢業，因為缺乏許多基本的生化物理知識，所以在理解相關新聞或雜誌的時候，就會遇到困難。

文彬 老師，雖然現在我比較能接受你的看法，可是人人天賦不同，也不能勉強每個人要十全十美、樣樣精通啊！

廖老師　倒不必十全十美、樣樣精通，只要盡量均衡發展，一定有所助益。就以你來說，你英文好、數學稍差，卻也不必因而放棄數學。我在美國進修的時候，有位美籍同學跟我同班修有機化學，她是英語系畢業的，為了攻讀醫學需要補修三十個學分；但是因為她大學時各學科基礎不錯，念起書來並不吃力。

美雅　我認同老師的看法。從前由於社會的偏見，認為男生該學理、女生該學文，所以男生不是科學家就是工程師；女生不是祕書或會計，就是護士或老師。在學校，男生重視數理學科、輕視文史或社會學科；女生倒過來重文史或社會學科、迴避數理學科。

廖老師　現在的情況呢？

美雅　大不相同了。我們女生愈來愈多當起科學家和工程師。拿我來說，由於我各科成績平均發展，所以只要有興趣，上大學念什麼科系都可以，我有很大的選擇空間。

廖老師　有自由選擇的空間，的確是非常好的現象。我相信企業家或公務機構一定喜歡招募有彈性、能自由發揮的求職者。畢竟通識教育的主要目的就是在充實個人知能的彈性，解除偏才所帶來的束縛或偏執。

淑惠 我可以完全接受通識教育的理念，也希望大家都來推動這個理念。

廖老師 事實上，美國名列前茅的哈佛、普林斯敦、耶魯、麻省理工學院、史丹佛、芝加哥、密西根、加大柏克萊分校等大學，也都是以各學科均衡發展聞名的。

文彬 這樣說來，我們的升學考試就應該各科並重，不可偏廢才是。

廖老師 說得很對。你們覺得該怎麼把這個理念發揚出去呢？

文彬 我提議班上可以做一個大型壁報，宣揚通識教育的好處與重要性。

淑惠 我來約幾位同學投書給某大學，表達我們對通識教育的重視與支持，希望該校改變進外文系免考數學的不恰當決定。

廖老師 希望透過這一次的討論，能讓你們了解、重視與支持通識教育，也讓教育更有意義，使社會有更能自由發揮的人力資源。

小叮嚀

考試或測驗是一種評量工具，旨在評量學習潛能或學習結果，可惜國內的中小學因受到分數第一、升學至上的影響，給予學生太多頻繁的考試或測驗，使得學生關心的不是學習的質與量，反而是考試分數的高低；再加上來自父母期待的壓力，學生應付考試的重負可想而知。

因此，解決之道應從修訂課程或改善教學與評量著手，而不是去減免升學考試的科目。須知在考試領導教學的教育風氣下，減免考試可能導致怠忽教學，其後果影響實在難以預測。希望大專院校的學者教授們，對通識教育的理念做認真的承諾，也在這方面為中小學教育做審慎的引導。

3

動機、態度與獎懲

新的希望

某國中國二孝班來了一位新導師徐秀梅，她從教育研究所一畢業就來到這個學校，校長以及學校老師因她的積極態度而聘用她。國二孝班過去的表現一般，雖然不是學校裡的明星班級，但也沒有太多的問題。以下是徐老師與班長吳仕遠第一天互動的剪影。

吳仕遠 老師，我叫吳仕遠，是班上的班長，我代表同學來歡迎您。

徐老師 多謝你們的歡迎。學期一開始，我希望我們可以擬定出一個班上共同的學期目標，以及大家必須遵守的規定；這些目標跟規定，我希望可以是由班上同學一起來討論並做出決定，然後大家全力以赴。

吳仕遠 沒有問題。可是老師，您是老師，您為我們做決定就好了，為什麼還要花時間讓我們去討論這些東西呢？過去都是「老師決定、學生遵守」啊！

徐老師 因為我覺得學習是老師和學生之間彼此互動的事情。你們的主要任務是學習；我的責任是教導、協助你們學習；另外，我所提出的意見跟做法，不見得適合我們這個班級，所以需要大家共同去討論跟修正，如此一來班上的同學才會更願意去履行和遵守。你說對不對？

吳仕遠　我們很喜歡老師的民主作風和有條理的教學態度。老師請放心，我會向同學報告您的意願與做法。不過，一般人常會說我們只是十幾歲的小伙子，還不懂事、也不夠成熟，老師真的放心將教學目標、步驟或規則交給我們做決定嗎？

徐老師　也許有人會這麼說，因為他們只看到一般年輕人缺乏歷練的地方。在我看來，只要給你們機會、挑戰潛能跟從旁協助，不僅你們會有參與的榮譽感，也可以從經驗當中學習，未嘗不是一件好事情。仕遠，你們願不願意挑戰這次的機會呢？

吳仕遠　當然啦！老師，謝謝您，這真是個好的開始。

小叮嚀

俗云「好的開始，是成功的一半」。徐老師在開學時給予學生明確的教學目標、步驟與師生互動的規則，並邀請學生參與這些決定，不僅表達對學生的尊重、提升學生的學習動機，也增加學生在師生互動中的責任感。

教學有成效的老師，其教學不僅有清楚的目標，也有達成目標的具體步驟，同時師生之間的互動也會有依循的規則，不僅使教學可以順利進行，也可避免不必要的人際紛擾。

老師對自己學生的尊重，包括對其目標、能力、意見、情緒、行為、人格的尊重，這些從師生的互動中都可以體現出來。徐老師策略地要讓學生在開學時，從師生的互動下體驗出她尊重學生的做法，除了能讓學生感受到老師對待學生的善意，也可以在自律當中主動而放心地表達自己，避免處處聽命從事。

我要自律學習

文華是個聰明、勤奮的高一學生。他從一份教育雜誌中看到一篇介紹自律學習的文章，頗受啟發，於是他請求徐志清老師協助他，希望在老師有系統的督導下，訓練自己成為一個自律學習者。

文華　老師，我在雜誌上看到有一種以我們學生為中心的學習方式，叫做自律學習。能不能請老師以這種方式，訓練我也可以學會自律學習？

徐老師　好啊，所謂自律學習，是指在學習的時候能夠自己設定目標、自我監督、自我評鑑和自我獎勵。只要肯努力、能堅持，你一定可以達到你所期待的目標。

文華　謝謝老師。

徐老師　文華，這位是高三的世澤，他在我的訓練指導下，已經是個很好的自律學習榜樣，他同意帶領你一起學習。你們兩位每週和我面談一次，報告、討論與檢討學習的進度，你願意接受這樣的安排嗎？

文華　當然。如果我有疑問，可以請教老師嗎？

徐老師　沒有問題。

世澤　文華，老師跟我提到你對自律學習也很有興趣，從我在老師那邊得到的學習經驗，希望也可以幫助你學會自律學習。

文華　那太好了。若是我沒學好的，也請你不吝指正囉！

世澤　你太客氣了。首先，你要觀察我如何訂定學習目標、如何設計達成目標的策略、選擇學習材料，以及如何評鑑學習進度與成就。

文華　我知道了。可是我想知道你是採用單一的策略來達成目標，還是採用好幾樣不同的策略來達成同一個目標？

世澤　這就要看學科與你的學習方式或類型了。例如，理化或生物科學的學習，可以靠實驗、觀察或應用等策略；歷史、社會等社會科學除了觀察外，就需要採用訪查、統計、追蹤、辯論等不同策略了。你在模仿我特定的學習歷程時，要注意我做什麼、不做什麼、創新什麼，也可以隨時問我為什麼要這樣做或那樣做，以解答你的疑問。

文華　假如你我都滿意我的模仿成就，是不是我就可以自己來了？

世澤　沒錯，你真聰明。

文華　在自我控制學習的練習過程中，我該注意什麼呢？

世澤　要不斷地自我評鑑並尋求改進，同時也應多多自我鼓勵或自我獎勵，也就是自己的學習要在自律與自控的情境下進行，這是最關鍵、也最費時的歷程。依賴性大或一定要他人從旁監督或鼓勵的，就會感到挫折或困難了。

文華　我知道了！有你和老師的指導，我一定會努力學習，畢竟學習是自己的事啊！我向父母解釋我的決定時，他們也欣然同意，並預祝我成功，可見他們對我也有信心！

世澤　那我們就從明天開始吧！

徐老師　希望你們成功的自律學習能夠蔚為風氣。

小叮嚀

我們的教育多數仍然停留在以老師為中心的教學模式裡——「老師怎麼教，學生就怎麼學」這個典型的教學歷程，這種現象在中小學特別顯著。學生在不知不覺中被捆綁在老師所規定的學習活動內，如果離開了老師，也就離開了學習。

自律學習是一種自律行為，學習者依自己清楚的學習目標，自動自發地學習、不斷地自我督促，並不時檢討所學。俗云「給予魚吃，不如教以如何捕魚」。同理，「教書，不如教以如何讀書」。如果我們要建立一個終身學習的社會，就要開始培養能自律學習的學生。希望教育界裡有愈來愈多的徐老師、文華、世澤，不斷地尋求、探討自律學習的知識與技能，使學習成為自動、自發、自律的生活歷程。

希望合作學習由本班開始

某高中的師生們，為了克服學生學業成就停滯不前的困境，乃掀起改善教學方法的討論。其中展宇、耀文、偉倫等三位高二學生，向辜老師大膽地提出他們曾經聽聞過的合作學習法，請老師在以講演法授課之外，能考慮兼用合作學習。

辜老師　展宇，你平時在班上很關心同學的學習成就，你對我的教學方式有什麼看法和建議？

展宇　老師教得不錯啊！老師課前準備充分，講課時深入淺出、條理清楚、內容充實，考試也公平合理。不過，我覺得以一般同學平均水準為主的講課，有些同學覺得太簡單，有些人卻覺得趕不上進度；雖然班上的平均成績還可以，卻不容易適應個別差異的需求。

辜老師　你的觀察很深入。耀文，你有沒有什麼不同的意見？

耀文　基本上我同意展宇的看法。不過老師，我有點好奇，您在講臺上教課的時候，會不會注意到我們底下的學生當時在想什麼、做些什麼？

韋老師　關於這一點，我會知道有人在做什麼，但是不一定能知道有人在想什麼。

耀文　這就是我關心的。我在老師的課堂上也常會不自覺地胡思亂想起來。

韋老師　嗯，這是值得重視的問題。偉倫，你的看法呢？

偉倫　老師，我聽說有一種稱為「合作學習」的新教學法，可以提高學生的責任感，是嗎？

韋老師　合作學習並不是新教學法，它在國外已經實施多年，是一種「以學生為中心」的教學法，是幾個學生有計畫地彼此協助而產生的學習。

偉倫　這樣說來，展宇、耀文和我三人經常在課後或週末聚在一起做功課，也彼此協助，這算不算合作學習？

韋老師　的確跟合作學習有點類似，但人數稍嫌不足。

耀文　究竟合作學習的做法是怎麼樣的？

韋老師　其實所謂合作學習是一種共同稱呼，在美國就有「學生團隊成就小組」、「拼組教室」、「團體調查」、「合作互教」等以合作為學習方法的教學法。

展宇　它們的共同點在哪裡？

幸老師　首先，多數學習小組是由四至五名包括不同能力、成就、性別、社經階級的同學所組成。其次，每個小組接受由老師指定的學習目標，每個組員必須充分了解這個目標，並願意為共同目標而盡力。

耀文　所以平時我們三個在一起學習，是不是雖然有合作，卻缺少由老師指定的特定學習目標？

幸老師　可以這麼說。

展宇　那怎麼做才算彼此合作呢？

幸老師　例如交換資訊、互教、互學、相互挑戰、相互鼓勵等，都可以算是合作。

偉倫　看來我們在這方面要多加強，我們之間的真正互動還不夠。

幸老師　互教、互學、相互挑戰、相互鼓勵是合作學習的主軸。也就是說合作學習時的小組成員不能自私、太過個人行動。

展宇　這是我們要再更加強的地方。

幸老師　還有，合作學習規定每個組員必須承擔達成學習目標的責任，像是負責特定學習、達成基本目標分數，並為團體總分數負責。

耀文　這樣的規定還蠻合理的。

偉倫　假如有人沒做到或沒盡責呢？

辜老師　所以在事先應該有共同的守則或獎懲制度。合作學習的另一個優點是：它能培養適當的人際技巧，如領導、服從、做決定、溝通、互信、解決衝突等。

展宇　需要加強這方面訓練的人一定是我。

辜老師　另外由於合作學習包含了小組之間的競爭，因此小組內的成員要全力合作、提高小組的整體表現，也要回過頭去帶動學習動機，形成一個良性的學習循環過程。

偉倫　老師，您對合作學習解釋得很清楚，我們想在班會時提出合作學習的建議，如果討論後全班一致決議採納，我們能不能在班上開始試試看？

辜老師　你們有興趣的話當然可以。不過這在我們學校是個創舉，我不但要做更深入的了解與充分準備，也要讓學校知道我在改善教學上要做什麼，另外還要與你們家長討論相關的措施。

耀文　太好了，希望合作學習可以從我們班上開始！

小叮嚀

為了增進學習，教學法的調整或創新實屬必要。傳統的教學比較偏重老師在課堂上的表現，未來的教學則重視以學生為中心的學習活動。合作學習是典型的以學生為中心的教學策略——老師將班上的學生以每四至五名組成一小組，指定各小組應完成的學習目標，從旁監督並鼓勵組員交換資訊、互教、互學、互助、相互挑戰，要求小組成員分別承擔達成目標的責任（小組的整體成敗也就是個別成員的成敗），培養小組成員間的人際技巧（如領導、服從、做決定、溝通、解決衝突等），並獎勵以小組的成就在組間競爭中爭取勝利。

從研究成果發現，合作學習與傳統的老師教學相比，學生在學業成就、學習動機、人際關係、解題能力等均有較佳的表現。學生個別獨自奮鬥的時代已逐漸過去，以學生之間彼此合作、互教互學的互助時代已經來臨；老師可以順應這一潮流，推動以學生為中心的教學法，來改善學生的學習動機、學業成就、解題能力與人際關係。

建立有生涯規劃的學習動機

卓茂林是高中的數學老師，他已在學校服務二十五年。鑑於近來一些企業界和教育界人士抱怨現在的年輕人專業精神不足，容易見異思遷、頻頻轉業，月前，他要求每個學生寫出五個一生可能從事的工作或職業，並寫出三個自己的人格特徵。在心理學家與專業諮商師的協助分析下，他發現學生所期望的工作或職業多與高收入相關；使他憂心的是，學生想要從事的工作或職業竟與他們的人格特徵多不相符合。他深深地覺識到，學生缺乏明確與合理的生涯規劃，目標不清，因而缺乏主動的學習動機。於是他安排與學生面對面討論此一問題，希望趁早給予學生必要的啟發。

卓老師 大家還記不記得，前陣子有填寫過工作、職業與人格特徵的事？

同學們 記得！（異口同聲）

卓老師 你們想知道結果嗎？

趙光輝　老師要公布我們整班的，還是個人的？

卓老師　由於個人資料涉及隱私，不便公開，所以我只公布分析後的整體資料。

邱亮節　大家都選什麼工作或職業呢？

卓老師　問得好。不過我要大家先猜猜看。

王志方　有沒有公務員、老師這一類的職業？

卓老師　有，但不多。

陳松林　服務業多不多呢？

卓老師　不多，大部分多追求現在正熱門的高薪科技產業。

吳寶典　高薪就是錢多，錢多好啊！人不是為錢而活嗎？像張秋霖，他想當醫師，一定是因為錢多吧？

張秋霖　才不是，我想當醫師，是為了能夠幫助病人，不是為了錢多。

王志方　老吳，你要為錢工作，我可不一樣，我要為理想而工作。

卓老師　能為理想而工作是很值得讚賞的。有理想的人才有目標，才會奮鬥不懈。人生有目標、有規劃，因此選擇工作或事業往往都會在自己的生涯規劃內。的確，我們因工作而賺錢，但不該為錢而工作；許多研究也指出，錢只能滿足需求，多了並不會使人長期快樂。

邱亮節　可是理想不一定合情合理啊？

卓老師　為什麼你會這樣說？

邱亮節　理想可能過高或過低，或不切實際啊！張秋霖想當醫師沒話說，他各科成績在班上名列前茅，不當也可惜。可是有同學既木訥又膽小，卻想當律師，這不是不切實際嗎？

卓老師　的確是這樣。生涯規劃要考慮到：你要從事的工作是不是符合你的人格特質？例如，木訥又膽小的人適不適合擔任律師呢？

趙光輝　老師，工作性質與人格特質如果不相符，會有什麼後果？

卓老師　最明顯的問題是不快樂、對工作難有創見，也很難從工作中獲得成就感或榮譽感。

陳松林　不快樂還得做，不如不做，不是嗎？

張台生　這一類的人如果碰到待遇更好的工作，會不會有換工作的念頭？

卓老師　當然有可能，或許是想從多出的薪水中獲得一些心理補償。

陳松林　那麼，找工作有妙方嗎？

卓老師　我剛才提過，選擇工作或事業必須是在人生的生涯規劃內，而且最好能配合你的人格特徵。

王志方 我們會牢記老師所提的生涯規劃要點；只是現在我們還是學生，生涯規劃對我們目前的學習或成績有沒有幫助呢？

卓老師 當然有所幫助。想想看，如果你已經形成一個清楚而合乎人格特質的生涯規劃，它將成為你奮鬥的目標，你的學習自然成為奮鬥的一部分，學習會主動而富有意義，學習動機也會因而提高。

王志方 對啊！我們當學生的每天常常因為考試與分數而忙碌不堪，幾乎忘了學習的真正目的，許多人對學習感到茫然，學習動機也減少許多。

張台生 如果照老師的說法去做，我們不但會更加用功，而且將來就業時也會有高度的專業精神。

卓老師 歸納得很確切，希望大家在平時都能互相勉勵。

小叮嚀

根據心理學家馬斯洛的觀點，人生的最高境界是「自我的實現」。教育界有一個願望，希望每個學生都有機會從學習中實現其自我潛能；企業界也有一個願望，希望所有員工都能從工作中展現才華，以達到潛能的充分實現。可惜的是，在目前的教學環境裡，我們的學生只關心分數的起落、只注意誰比誰強；在現今的社會環境中，企業界所引進的員工，多只看收入的高低、只比較誰比誰富有。難怪學校慨嘆學生沒有良好的學習動機，也不曉得在畢業後能在社會中扮演什麼角色。

既然企業界會抱怨員工缺乏專業精神，從事教育的人便有責任使在校的年輕學子都能為自己的生涯做規劃、做準備。有生涯規劃的學生才能對自己的學習賦予意義，才會覺得忙得有價值、得到的分數有其目的，也因而有意義、有價值、有目的學習，才會啟動真誠的、主動的與持久的學習動機。

不要再浪費時間了

秀媛是個勤奮的學生，她愈來愈覺得時間不夠用，連睡眠時間也被功課嚴重地占據了。她經過幾次的自我分析與檢討後，不僅發現自己把寶貴時間給浪費掉，也看到有些老師未能善用時間，於是決定在班會時提出時間管理的問題。以下是師生進行討論的互動情形。

秀媛 當學生真辛苦，連睡眠也不夠，真擔心身體會受不了。

桂英 我上了一整天的課之後，放學還得去補習或是到圖書館複習；晚上做完功課也還會再玩一下電腦，常常要到半夜才上床睡覺。想想如果每天都是這樣作息，身體應該會負荷不了吧！

如姬 我們的作業多、測驗也多，一天到晚忙著應付學校課業的壓力。說實在的，我忙了一陣子後，累了就呆坐半天，也不曉得在幹什麼。

老師 你們說得對，我平時也相當關心這個問題，你們覺得到底問題的核心在哪裡？

秀媛 老師，我想是時間管理不當或處理時間的能力不足吧！

老師 妳說的沒錯，妳是怎麼得到這個結論的？

秀媛 我請教過一些能力跟我差不多的同學，似乎他們比我懂得善用時間，時間壓力沒我的大，但他們沒有跟我提到具體的時間管理做法。

桂英 如果能善用時間，我們的情況一定會改善。

老師 那你們平常有沒有發覺，哪些可能是時間管理不當的情形或例子？

秀媛 我想先談談當老師的那一面。

老師 哦？怎麼說呢？

秀媛 有些老師課前準備不足，上課時會頻頻翻找教學指引之類的東西，我們學生只能在座位上呆坐、枯等。

佳佳 也有老師上課時題外話太多，結果正課趕不完，只好要學生自己讀，等於增加了學生的負擔。

桂英 我有一門課，老師上課馬馬虎虎，課後補習時才認真教。

老師 你們觀察的很仔細，事實上根據國外的一個報告，在小學的一堂課裡，平均只有三分之一的時間是真正被用在教學上。可見這是一個相當普遍的教育問題。

秀媛 那就等於說，有三分之二的時間被浪費在與學習無關的活動上囉！

老師　可見的確有老師沒有把教學時間控制好，這是值得老師們警惕的。如果老師能以身作則善用時間，學生也會耳濡目染地學習如何利用時間。

秀媛　其實我們學生也很常浪費時間。像我最近突然會花很多時間在買東西、打扮自己。每次買東西都比自己預定的時間超出許多，趕作業的壓力因此增加很多。

姝麗　我放學後回家前，經常泡在速食店裡與同學窮聊天，回家後只好匆匆趕作業，時間管理實在不好。

桂英　如果我上課能更專心，或許就不必課後補習，可以騰出時間做功課或做其他的複習與預習。

老師　可見我們在時間管理與利用上都有待改善。在這邊我有兩點建議可以給你們做參考：一是安排作息時間，二是增加作業效率。

秀媛　我就是太忽略這兩點，不僅沒有自己的作息安排，有空檔時間也就不會加以利用；不然就是如果家庭作業少，我就慢慢地做，甚至一面寫作業一面聊天，作業效率極差。我想這是被動的學習態度造成的。

老師　我看不少同學都有類似現象，這些是可以改善的。

桂英　秀媛說她睡眠不夠，我也是這樣。據說睡眠不足或失眠會導致注意力變差、學習效率下降；於是就需要更多的時間來補充學習，豈不是更剝奪睡眠的時間？整個就是惡性循環啊！

老師 沒有錯。所以如果大家能把握「工作時專心工作，玩樂時好好玩樂」的原則，書既可以念好，休息時也可以放鬆自己，時間的把握就不成問題。如果是要紓解上課時候的精神緊繃、下課找同學聊天放鬆或什麼的，只要時間控制得宜，都是很好的方式。

如姬 謝謝老師的啟發和指導。

小叮嚀

對學生來說，升學壓力本是一個負擔，若時間管理不當，無疑是雪上加霜，不僅浪費時光，也影響成就與健康。這個問題幾乎困擾著每一個學生，老師不能置之度外。

秀媛自動提出這個問題並向老師請教，老師能依學生的實際經驗予以指導，是值得讚賞的做法。其實，浪費時間不只發生在學生身上，在課堂裡有不少老師也嚴重地浪費寶貴的教學時間。如果上述師生討論的結論能獲得學校與家長的支持與合作，時間管理的成效必會更加顯著。

好成績該由獎賞來換取嗎？

介民是個國中三年級的學生，在校成績名列前茅，父母也以此為傲。有一天他受邀到同班的王錫九同學家一起做功課，王媽媽稱讚介民成績好，說他爸媽一定給他許多獎賞。她說錫九的爸爸是個企業家，把公司獎勵員工的績優制度用來激勵自己子女努力向上，同時把家中的成績獎勵制度一一介紹給介民聽。介民返家後，請求父母也採用錫九家所「享用」的獎勵制度，但父親認為那是「賄賂學習」，所以婉拒了介民。介民不同意父母的解釋，便與錫九向涂老師請教，希望「討個公道」。

涂老師　介民，從你最近的週記中得知你對錫九家實施成績獎勵制度感到羨慕，但你父母並不贊同它，你覺得有些不公平。我已經與你父親和錫九的母親在電話中交談過，因此很願意與你和錫九分享我對這方面的看法。

介民與錫九　謝謝老師。

涂老師 首先，我要問問錫九，你對父母以金錢獎賞你的做法感到如何？

錫九 很好啊！只要用功就有錢拿，不是很公平嗎？這跟做生意努力賺錢不是一樣嗎？我爸爸會賺大錢，就是個最好的證明啊！

涂老師 你的意思是，你是看在錢的分上才努力讀書的嗎？

錫九 畢竟我的確需要錢啊！現在我正要靠自己的積蓄來買一部新電腦。

涂老師 這是值得肯定的。我關心的是：你會不會把讀書當成賺錢的工具，把讀書的目的和樂趣擺在一邊呢？

錫九 不會的。我本來也跟大家一樣，上課認真、課後也算用功，只是成績老是不盡理想。後來爸爸說，根據他的觀察，覺得我其實是有潛力的，只是缺乏必要的誘因，所以決定採用類似他公司的績優制，只要我的學業或考試成績達到標準，一概獎賞。就因為這樣，我還維持現在的成績表現。

涂老師 介民，你剛聽到錫九的話了。他父母只是提供必要的誘因，以刺激他的潛能。你過去到現在並不在這種制度性的獎勵下學習，可是你的成績卻是大家所羨慕的啊！難道爸媽從來沒有獎勵過你嗎？

介民 有是有，但是只給長期的大獎，到時還不一定會兑現呢！

涂老師　你會因而責怪你父母嗎？

介民　不會。爸媽很關愛我、鼓勵我，還會在旁督導我學習，期待我拿好成績，所以我一直把讀書學習看作自己的分內事，很少去想平時的好成績有沒有必要獎賞。

涂老師　我覺得你的學習態度與習慣很好，當然我會提醒你父母別忘了兑現他們承諾的獎勵。

介民　謝謝老師。

涂老師　那麼，你現在仍想請求父母採取錫九家的獎勵制度嗎？

介民　聽老師這麼一說，我反而有點猶豫。不過我覺得只要使用得當，獎賞還是可以用來提升班上一些同學的成績。

涂老師　當然。使用獎賞的確是增強學習的重要方式之一。我們應該把獎賞當工具而不是目的，而且外來的獎賞最好能夠逐漸改為內在的鼓勵，避免造成受賞者對外來物質或金錢的依賴性。就拿錫九的情況來看，他在優渥的獎勵下，仍然維持對學習的興趣，是值得提倡的事。

錫九　話說回來，我也很羨慕介民，他父母的關愛、協助與高度期待，使他把讀書當作自己的分內事，而且有優異的表現。我家的獎賞制度不一定適合每個家庭或個人，看來介民家就不適用了，我也該漸漸擺脱父母的獎勵來向介民看齊。

涂老師 你的看法很對，值得鼓勵。

介民、錫九 （點頭同意）

小叮嚀

父母與老師常常為提升學生的學業成就而傷腦筋。許多家長鑑於獎賞對增強學習的明顯效果，乾脆以金錢作為學習成就的酬賞。獎賞是事後的措施，若處理不慎，容易變成事前的賄賂。例如，父母對子女說：「如果你們下次月考得滿分，我們就各給××元。」這便有賄賂的嫌疑。也就是父母欲以「金錢交換學習」，違反了為達成學習目標而學習的教學原則。

學習貴在自律，而自律是持久的，他律是一時的。基本上，介民是能自律的，是能從學習本身獲得快樂或滿足的學生；反觀錫九卻需藉由外界的誘因來提升他的學習動機或效率。父母或老師以獎賞作為提升學習動機的工具，是值得鼓勵的，但是獎賞必須慎用，獎賞也必須從他律逐漸轉換成自律，如自我獎勵，才可以培養出自律學習的良好習慣。

談談集體獎懲

某國中三年信班的同學，過去兩年在各項班際競賽上，名次落後他班甚多。新任范導師為改善該班的表現，試圖與學生一起討論如何提升該班的競賽成績。由於有學生建議採用集體獎懲，成為討論的焦點，范老師乃趁機因勢利導，分析使用團體壓力的優點與限制，從而提出團體目標的建立、認同與自律對形成團隊精神的重要性。請看范導師如何為師生的討論做出令學生接納的結論。

范導師 你們對過去兩年來，各項班際競賽的成績滿意嗎？

蔡班長 不滿意。

范導師 那你們覺得該怎麼辦？還是說就這樣認定自己技不如人？

呂大同 才不是這樣。班上有少數人不自愛、不合作，當然競爭不過別人。

范導師 怎麼說有些人在團體中會不自愛、不合作？

張信雄 他們我行我素，根本沒有團隊精神；也因為他們不合作，結果我們全班受害。

范導師　你們覺得有什麼方式可以解決這個問題？

邱耀東　老師，我有個建議。

范導師　請說。

邱耀東　乾脆之後我們採用集體獎懲：有好表現就全班獎勵；表現不好也全班懲罰。

范導師　你們認為這樣的建議合理、行得通嗎？

邱耀東　當然啊！這樣的話，努力不夠或合作不力的同學，會害其他人受到牽連而受罰，所以會感到歉疚，不是嗎？

蔡班長　原則是對的，但是我覺得在實行上會有失公平。

范導師　班長是不是有什麼想法？

蔡班長　去年的李老師，因為處罰全班學生在雨中站兩小時，被家長告到校長室去，一時成為全校熱烈討論的話題，李老師也因而轉任到別的學校去了。

范導師　所以你們認為是集體獎懲的做法有缺陷，還是獎懲方式不合情理？

呂大同　我看集體獎懲只是一種手段，應該在適當的時候使用，不該濫用。

范導師　比方說呢？

呂大同　例如，明明有人在早自修的時候大聲吵鬧，老師可以平心靜氣地請喧鬧的同學自首；或同學之間善意地規勸喧鬧的人出來承認；或鼓勵同學檢舉不當行為。這樣全班就不必動輒得咎，因為一個人犯錯就全班挨罰。

范導師　你這個觀點很好。

蔡班長　我完全同意呂大同的看法，全班連坐未免太嚴重了。

范導師　事實上，集體獎懲只是運用團體壓力的一種手段，如果能夠適當地利用，就有助於團體目標的達成。更重要的是，一個團體的表現是好是壞，要看團體成員對目標是否接受和認同。忠於團體目標，才會遵守紀律，也才會接受團隊規範。

呂大同　老師說得很對。我覺得我們好像都忘了問自己：我們的團體目標是不是每個成員的奮鬥目標呢？

蔡班長　也許我們過去兩年一直都目標不清，導致精神士氣渙散。

范導師　其實大家無需過分自責，過去的就讓它過去吧！回過頭來說，如果團體有共同的目標，成員也把這個目標當作是自己的奮鬥目標，則目標的達成便是對團體成員最好的獎賞；如果不能達成，對成員來說就已經是很大的挫折。

邱耀東　所以我們現在要開始建立團隊精神，對嗎？

范導師 沒有錯。

蔡班長 要從哪裡開始？從那些少數不自愛、不合作的同學開始嗎？

范導師 當然不是，要從你、我、大家開始。例如我不會強制要求大家去參加校內的某某競賽，而是會向大家介紹校內有這些競賽，請班上每位同學對參與競賽進行討論。

呂大同 老師剛剛提到的，是不是要我們一起來討論目標、步驟、責任、評鑑與檢討？

范導師 沒錯。在討論責任與評鑑時，可以找出大家能夠也願意遵守的賞罰規則，這樣一來，集體獎懲就不至於被濫用了。

蔡班長 老師，為什麼找出大家願意遵守的賞罰規則，集體獎懲就不至於被濫用呢？

范導師 有沒有誰要來試著解釋看看？

邱耀東 我想老師的意思是：既然大家願意遵守共同找出的賞罰規則，人人就會隨時自律，不需外來的告誡，也就無須濫用集體獎懲了。

范導師 講得很好。

邱耀東 謝謝老師。

范導師 大家要記得，不論是獎勵還是懲罰，外在約束往往不如發自內心的要來得有效果和持久。

蔡班長　希望我們大家都能夠記住、實踐老師這番話。

小叮嚀

看到老師集體懲罰學生而受到社區關切的報導，我們不禁感到迷惑，為什麼這類事件一再發生？事實上，我們看到或聽來的報導，往往只是那些較嚴重、引起關注的事件；那些沒有浮出表面的、較輕微的集體懲罰，不知又有多少。如果盲目相信團體壓力的效用，一旦運用失當，不僅有獎懲是否公平的爭議，也會造成學生身心傷害的問題。

因此導師若能以民主方式協助學生建立共同的奮鬥目標，找出大家都能接納的獎懲規範，學生也會建立起團隊精神，自願為團體目標而奮鬥不懈。如此既不需外在獎懲的行為誘因，也就不會出現濫用集體獎懲的問題了。

4 溝通技巧

多溝通，少誤會

希平來自一個貧困的家庭，父親早逝，他由母親靠幫傭所得撫養長大，現在就讀國中二年級，在校因學雜費全免而得以繼續求學。在家他因母親的訓練，早已養成自動自發的做事習性；也由於慣於這種默不作聲的家庭環境，在學校與同學相處時，常缺少許多用言語溝通的機會，因此同學們雖然很尊重他，依然免不了發生不必要的誤會。有鑑於此，徐老師決定改善他與同學間的溝通習慣。

徐老師 老師請你來，是想設法減少近來發生的一些不愉快的誤會，你願意跟我一起來面對這個問題嗎？

希平 老師，我願意。

徐老師 我知道你不愛說話，是不是有什麼特別的原因？

希平 因為沒有什麼好說的啊！

徐老師 可是最近坐在你旁邊的力揚就說，你向他借筆時，不吭一聲地就從他桌上把筆拿走。雖然他沒有阻止你，卻覺得心裡不太舒服。

希平　以後不跟他借就是了。

徐老師　希平，你誤會了。只要你開口說一聲，我想他一定很樂意借你。

希平　（低頭，無語）

徐老師　我想問你，在家的時候你如果向媽媽借東西，會不會向她問一聲呢？

希平　不必，我知道東西在哪裡，自己去拿就好了。

徐老師　不過如果你能開口問她，是不是會更好？

希平　她會嫌我囉嗦。

徐老師　所以你習慣不打招呼就拿走別人的東西嗎？

希平　（點頭）

徐老師　可是，在學校跟你來往的是來自不同家庭的同學，你應該也希望能夠跟他們和睦相處吧？

希平　（點頭）

徐老師　如果你喜歡，你可以直接說「喜歡」。

希平　（小聲說）喜歡。

徐老師　很好。既然可以，以後就大聲一點把話說出來好嗎？

希平 好。

徐老師 我想再問你，還筆的時候你有沒有說「謝謝」一類的話？

希平 沒有。但是我內心有感謝。

徐老師 你既然感謝在心，如果也大聲說出來，是不是會更好？

希平 老師，如果沒說，是不是太不顧他人的感受？

徐老師 當然能夠說出來會比較好，這也是直接溝通的價值。畢竟人跟人之間除了誠信之外，在表達溝通上是否得體也很重要。

希平 我知道了。

徐老師 我們今天的對話也是溝通啊！你覺得這次的溝通對彼此的了解有幫助嗎？

希平 有。

徐老師 那麼你今後要怎麼做呢？

希平 我會努力多溝通。

徐老師 怎樣做才算多溝通呢？

希平 例如，該說要說、該答要答，要盡量說清楚。

徐老師 很好，你已經把握要點了，希望多溝通會帶給你跟大家更多的互動、更少的誤會。

希平 謝謝老師。

小叮嚀

我們的文化偏重內心的感受，忽略外在的表達，重視非語文的溝通，缺乏良好的口語交談；因此常造成許多時候悶不吭聲，甚至不經意便出口傷人，人際溝通頻頻受挫。缺乏溝通的環境，往往是冷漠的、無情的、多猜疑的，其後果是難以預料的；因缺乏溝通而引起挫折時，受害者不是斥責自己，就是大罵別人。教育者有責任去培養學生的溝通能力，改善其溝通環境。

希平在家無須多費心言語就可以跟母親相處；但在二三十名同學的班級裡、上百人的校園裡、上千上萬人的社會裡，需要與他人交往、互動，家裡的相處模式便不再適用。顯然，希平在班上有溝通上的適應困難，老師發現後技巧地設法補救，使他能更愉快地與同學們來往。希望老師們在這方面多下工夫，以改善學生的人際關係。

有同理心的溝通真好(一)

傅麗玉是個有數年教學經驗的優良老師，除教學成就優異外，她在所服務的班級裡，有互尊的師生關係、融洽的同學情誼、和睦的親師往來，這樣的成果她歸功於自己一貫的信念：同理心的溝通是改善人際關係的主力。她時常與班上的學生對怎樣才是同理心的溝通，進行腦力激盪式的討論。以下是她如何開始讓學生們重視並參與討論這個重要的人生課題的過程。

傅老師 我請大家一起來討論我們平時所忽略的人際溝通問題。在開始討論前，我想強調討論有同理心的溝通，你們準備好了嗎？

學生甲 老師，我想知道什麼是「同理心」。

傅老師 所謂的「同理心」是指他人的感受就像自己的感受。

學生乙 是不是說，從對方的感受或觀點出發？

傅老師 非常正確。有誰能給大家一個缺乏同理心溝通的例子？

學生丙 有一次我一時找不到要給我哥的東西，他就說：「你瞎了嗎？它就在右邊的抽屜裡啊！」我聽了很難受，也很氣。

學生乙 把「找不到」說成「瞎」就是沒有同理心囉？

學生丙 對啊！

傅老師 那麼，要怎麼說才能表現出有同理心呢？

學生甲 比方可以說：「再找找看吧！」

學生丁 或者說：「別急，慢慢找，仔細看看右邊的抽屜。」

學生乙 我會說：「慢慢找，遲早會找到它，如果實在找不到就算了！」

傅老師 這些建議多了同理心，能尊重別人的感觸，比罵人「瞎了」好得多。假如我們看到朋友難過時說：「幹嘛難過？」焦慮時說：「有什麼好焦慮的？」快樂時說：「不要沾沾自喜！」……，這些算不算是沒有同理心的溝通呢？

學生丙 這樣做不是在勸人嗎？老師，勸人不好嗎？

傅老師 勸人的動機是好的，但是勸的人要考慮被勸的人當時的感受，不然被勸的人會覺得勸的人要麼是不懂事、不然就是在譏諷自己。

學生甲 那麼，看到別人難過時，該怎麼勸說呢？

學生乙　我曾經聽到有人安慰說：「我完全知道你有多難過」，這樣說可以嗎？

傅老師　我們能「完全」知道別人的感受嗎？要同理，但不一定要那麼肯定自己。

學生丙　我能不能勸他去打球或逛街散心？那樣可以暫時減輕難受的程度！

傅老師　也許有點幫助。如果你說：「要是我的話，我也受不了，我們一起想想如何面對它好嗎？」這樣的溝通是不是好些？

學生甲　老師說得真好。（學生乙、丙、丁不約而同地拍手叫好）

傅老師　如果大家能盡量以同理心溝通的話，班上就不會聽到諸如「傻瓜」、「笨蛋」、「無聊」、「胡說」等罵人的話。挨了罵的人，有誰還願意繼續溝通呢？

學生乙　如果有個同學做一件傻事，我該怎麼說才算有同理心呢？

傅老師　說：「如果事前考慮清楚，結果可能會不一樣。」是不是較能被接受？

學生丁　我可以接受！如果我做了傻事，我要的是同情心或同理心，不是不解人意的譏諷、教訓或辱罵。

學生丙　這樣說來，溝通時要有同理心並不難。我們過去的溝通習慣實在有待改善，今後我們不要只說自己愛說的話，還要顧及對方的心理感受。

傅老師　你們都有一顆同理心，只是在溝通的時候往往忽略它，所以達不到溝通的正面效果。

學生甲　從現在起，我們會在班上互相提醒，一起推動有同理心的溝通。也請老師在選擇用詞方面從旁協助我們。

傳老師　沒有問題，希望大家成功。

小叮嚀

語言不僅可以表達情緒、傳遞訊息，也可以用來左右人際關係；善用語言溝通，可以拉近人際的距離，尤其是以同理心為基礎的溝通最為有效。在人際關係中，我們最怕被誤解、被虧待；有了同理心，我們才會感到有知心、有知己，因而在溝通時敢信賴、肯吐實，和諧的人際關係得以建立。

同學之間的友誼關係如此，師生之間的互尊關係亦復如是。傳老師的關切與努力值得我們讚賞與效法。

有同理心的溝通真好㈡

傅麗玉老師所推動的「有同理心的溝通」，不僅深受學生的喜歡與認同，她也把它應用在自己與學生家長的互動上。從以下她與一位學生家長的電話交談中，可以看出傅老師如何運用同理心的溝通，去化解家長的誤會與憤怒，並提升家長對老師的尊敬。

家長　您是傅老師嗎？

傅老師　是。請問您是哪位？

家長　老師，我是謝耀方的媽媽。

傅老師　謝媽媽您好，您的聲音聽起來很激動，是不是發生什麼事情？

家長　對啊！我想問您，耀方這學期的英文成績怎麼會這麼差呢？

傅老師　是的，能接到您的電話我很高興，可以一起來面對耀方的問題。

家長　耀方的英文成績真那麼差嗎？

傅老師　根據我手邊的資料，耀方有幾次的考試成績還不錯，不過有兩次考得很不好，而且這兩次考卷都沒有您們家長的簽名。

家長　真的？他竟敢騙我們，真該打！我會叫他爸爸重罰他一頓。

傅老師　我可以體會謝媽媽的憤怒與焦慮，不過在罰耀方之前，也許我們可以找出另一種處理方式。請問，耀方是怎麼向您解釋他的成績呢？

家長　他說一定是老師搞錯，可見他向我說謊。唉，氣死了！

傅老師　我猜他會瞞你，是因為他覺得有壓力。如果我們把關心化成鼓勵而不是壓力，耀方就不會那麼緊張、也不必瞞您。他每次把有好成績的考卷請您簽，就顯示他還有榮譽感，不是嗎？

家長　對！他其實很有榮譽心。

傅老師　我可以理解。耀方雖然一時犯錯，但是只要好好開導，相信一定可以改正錯誤、表現得更好。

家長　老師這樣一說，我的氣也消了，謝謝老師。

傅老師　哪裡，這是我的職責。我想每個人生氣都會有他的原因，只要找到問題的根源，沒有不能解決的問題。我希望家長們都跟您一樣地關心子女的教育，並且找出關心他們教育的最佳辦法。

家長　老師，我覺得您很了解我們做父母的想法。

傅老師　我只是希望更了解父母，協助您們教導子女，也盡力協助做孩子的可以了解父母、尊敬父母並努力以赴。對了，我會盡快約耀方跟我談談今天的事，請放心。

家長　您真是個好老師。

傅老師　哪裡，這是我應該做的！

家長　對了，您讓我想到我女兒的某個老師，跟您非常不一樣。我有事問她，她反而把我念一頓。

傅老師　我想如果大家在溝通時，可以把對方的感受當成自己的感受，雙方在溝通上一定會更順利、更愉快。

家長　聽您這樣一說，我也要自我反省。我想當時我可能太急，太不顧那位老師的感受了。

傅老師　其實您也不必自責，只要大家有同理心，化對立為助力，問題也會比較容易解決。

家長　謝謝您的啟發，今後我會鼓勵其他家長向您請教。

傅老師　哪裡，也謝謝您。

小叮嚀

老師與家長時常有機會交談或互訪，不論目的或動機為何，應追求最大的溝通效率。目前在人際溝通上比較缺乏的是同理心的不足，而同理心是指能夠覺識到他人的感觸，也就是感受他人的心理境界。唯有同理心，溝通才能被充分地理解、欣賞與接納；否則言之諄諄、聽者藐藐，甚至可能一言不合，動起干戈。

老師為了增進教學效率、解決教學問題、排除阻礙教學的負面因素（如教室紀律問題、欠交家庭作業問題），若能善用具有同理心的溝通技巧，或許就能獲得家長的通力合作。傅老師的勝人之處，就是讓家長覺得她跟家長站在同一邊，試圖共同設法解決家長或其子女所遭遇的問題。希望教育界有更多的傅老師。

正面的溝通比負面的溝通好多了

簡珍妮是一位在國中服務已十年的老師，她非常關切人際溝通的問題。一年前的暑假，她參加美國一所大學教育學院舉辦的溝通技巧講習會，深感收穫豐碩，決定返校後與學生討論並推動「正面溝通」計畫。以下看看她如何與班上學生探討該計畫的情況。

簡老師 大家來想一個問題：假如大華不用功，我該說他「懶」，還是說他「能動起來會更好」呢？

多數同學 當然是「能動起來會更好」比較好。

簡老師 那有沒有什麼話比「差勁」讓人聽起來的感覺比較好呢？

同學乙 能不能說「跟理想之間還有一段距離」？

簡老師 聽起來感覺好多了。

同學丙 我覺得可以說「有待改善」或「有改善空間」。

同學甲 對我來說，「跟理想之間還有一段距離」或「有改善空間」，都比「差勁」好多了。

簡老師　不過你們不覺得「差勁」和「有改善空間」所代表的意思一樣嗎？

同學甲　哪裡一樣！「有改善空間」聽起來有尊嚴多了，也比較能接受。沒有一個人會喜歡接受負面評論的。

簡老師　還有哪些負面用詞，是你們希望可以被別的說法取代呢？

同學丁　我最不喜歡別人罵我「傻」或說我「笨」。

簡老師　如果我說：「如果你願意稍微多花一點時間，就可以把事情做得更好。」這樣的說法會不會比較好？

同學丁　老師您真了解我。

簡老師　這就叫做正面的溝通。

同學戊　我媽媽常說我「固執」，我不喜歡，可是她想不出其他可以取代的用詞。

簡老師　大家覺得有沒有什麼用詞可以取代「固執」？

同學己　我爸爸說我愛「堅持己見」，他不說我「固執」。

簡老師　你爸爸的確是個善用正面溝通用詞的人。「堅持己見」的說法的確比較正面。

同學己　我也這樣覺得。

簡老師　有一次正堅對我說，在家他無法專心念書，因弟弟常常在旁邊搗蛋。有沒有比「搗蛋」更恰當的用語？

同學丙　用「嘗試引人注意」好不好？

簡老師　正面多了。

同學甲　「自私」有類似的正面說法嗎？

同學己　可以說「過分重視自己的利益」啊！

同學乙　我聽過老師用「能與他人分享會更好」來取代「自私」的說法。

簡老師　可見，在溝通時，大家要盡量使用正面用詞，避免濫用傷害他人自尊的負面評語。至於一個常用的負面評語該用什麼來取代，只要稍微用心，可以找出很多不同的正面用詞來達成溝通目的。

同學甲　謝謝老師，我們會努力去做的。

小叮嚀

培養良好的人際關係以建立和諧的社會是大多數人所希望的，但在日常生活裡，我們的言行往往與此願望背道而馳，習慣地使用「懶」、「笨」、「壞」、「古怪」、「愚蠢」、「吝嗇」、「小氣」、「自大」、「固執」、「無聊」等詞語描述別人。結果被描述的人不僅自尊受損，也常隨之引發抗拒或對立。

如果師生或親子之間都能顧及他人的感受，以更能被接受的詞語彼此溝通，不僅可以減少隔閡，也較能順利地達成溝通目的。簡老師對人際溝通的卓見值得讚賞，其努力也值得大家的效法。

歡迎對事不對人的批評

施秋雨是一位關懷學生、熱心教學、深得學生尊敬與喜愛的國中班導師。一次班會裡，在討論如何改善班上的各項活動時，她發現學生之間不僅互貼負面標籤，藉此批評對方的不是。為了防止這類行為影響學生的身心發展，她與學生對「如何做有建設性的批評」進行了一次親切而坦率的討論。

施導師　上回討論如何改善班上的各項活動，你們覺得有什麼收穫？

文華　有啊，我們揪出誰是懶鬼，誰是搗蛋鬼。

秀豐　還有，有些人唯恐天下不亂，真是拿他們沒辦法。

薇薇　還有幾個冷漠的人，每次討論事情都一副事不關己的樣子。

施導師　從你們的反應，可以看出你們其實有很大的熱忱想改變班上的現況，對不對？

秀豐　對啊！

施導師　不過你們這樣去指出那些負面因素後，情況有沒有改善呢？

彥明 我看反而更糟。這些被點出來的人說，既然我們說他們是禍首，禍首只會製造禍害囉！

施導師 可見你們雖然指出了問題所在，卻好像沒有提出有效的解決辦法。

文華 老師是不是有什麼辦法？

施導師 沒錯，只要你們不放棄，我相信我們可以一起來改善班上的問題。

曉芳 我知道老師的祕訣。

薇薇 老師有什麼祕訣？

曉芳 你們沒感覺到嗎？老師從不輕易指責我們，不會向我們貼標籤；我們如果沒做對或沒做好，她會清楚地指出來。

施導師 的確。我想問你們，是不是所謂的笨蛋就一定做錯事、聰明的人就一定做對的事呢？還是說只要是好人就從不做壞事、壞人就不會做好事？

曉芳 也不是這樣說，只是當我們看到別人做錯事或哪裡不對的時候，好像會很習慣地直接先指責對方，罵他是「笨蛋」、「懶鬼」。

文華 我們很少去注意這方面的問題，看人家做錯了，就會先罵聲「笨蛋」來表示對錯誤的不屑。然後也用同樣的態度說別人是搗蛋鬼、懶鬼……。

施導師　你們有誰願意接受外來的負面標籤？

（全班默然不語）

施導師　既然己所不欲、勿施於人，你們以後還會給別人負面的標籤嗎？

秀豐　可是……。

施導師　秀豐是不是想要說什麼？

秀豐　罵他們，是要他們不要再犯錯啊！罵是一種警告。我的意思是，他們如果不要我再罵同樣的話，就不要犯同樣的錯啊！

施導師　你可能說出一些人的想法。但是，它有效嗎？

文華　當然沒有。

施導師　為什麼這樣的負面標籤會無效？

薇薇　是不是罵多了，麻木了？

文華　不在乎了。

施導師　都有可能。不過，我剛問過你們，你們沒有一位願意接受外來的負面標籤。如果有人罵你笨或懶，你的第一個反應會是什麼？

曉芳　生氣、惱羞成怒。

施導師　當你生氣時，你最介意的是什麼？是「事」還是「人」？

曉芳　當然是人的自尊。

施導師　可見罵的人把挨罵者的焦點轉移了。一個正在憤怒地捍衛自尊的人，會有心去聽你對事情的抱怨嗎？

曉芳　要是我啊，我一挨罵就什麼也聽不下去，甚至會想乾脆掉頭就走！

施導師　說到這裡，有誰已經悟出道理了？

秀豐　現在我懂了。批評人家做事，要「對事不對人」，更不可先罵人。

施導師　沒有錯，你能提出這樣的結論很好，有這樣的態度是對的。

秀豐　謝謝老師，也謝謝同學，我發誓再也不給別人貼標籤。

約翰　老師，我就是班上同學所說的搗蛋鬼，明知自己不對，總覺得反正都是要挨罵，乾脆就一直搗蛋，沒什麼了不起。

（班上一陣沈默）

施導師　約翰，我很佩服你有站出來的勇氣。你一定對剛才的熱烈討論有一些想法。

約翰　我在班上雖然有時候會有一點調皮搗蛋，但是我跟大家一樣，有優點也有缺點。只是大家似乎都放大了我的缺點，我才會想既然大家給我貼了標籤，乾脆就依標籤行事。如果大家在批評別人的時候，都能對事不對人，我也一定會跟大家和平相處。

（一片鼓掌聲）

施導師　從真誠討論到約翰的自白，可以看出我們過去在檢討事情時，往往不能客觀地去察看事實，時常因人論事，所以產生不公平的評斷與不必要的誤會。

薇薇　的確，我也終於看到許多人事混淆的癥結。

施導師　希望今天的討論，可以讓大家體會到檢討缺失，應該對事不對人的重要性，避免做所謂的人身攻擊，日後大家可以朝這個方向去努力。

小叮嚀

人類文明之所以能不斷進步，是由於我們能從檢討中力求改進。可惜，有些檢討過分重視成敗，忽略「對事不對人」的原則，導致以罵人作為檢討事情的錯誤策略，不僅招來抗拒和反擊，也阻礙參與改善的動力，使檢討不能成為改善問題的基礎。

施老師不僅關切學生的問題，並且在改善學生的言行方面，能依循健全的心理學原則，循循善誘地指導學生，不愧是一位良師。這種主動邀班上的學生共同探討問題、耐心啟發學生的心智，並積極地鼓勵學生去改善班級的活動，值得我們學習。

避免回嘴的發生

進東最近因為對鄒老師回嘴而受罰，但他心裡不服，乃向諮商輔導室申訴。諮商輔導室的馮主任於是召集進東與鄒老師，一起討論對這個問題的適當解決辦法。

馮主任　今天請兩位來，一方面想知道問題的根源，一方面想找出問題的預防辦法。兩位是當事人，相信比我了解事發的核心問題。

鄒老師　請進東先說吧！

進東　兩星期前上課發考卷時，我因為成績不理想所以心情不太好，領取考卷的時候臉色可能臭了點。當時我是對著自己憤怒，嘴裡喃喃自語，罵自己笨蛋，老師以為我是衝著他而來。

馮主任　鄒老師說了什麼？

進東　我記得他說：「考不好，不要怨天尤人。」

馮主任　鄒老師您是那樣說的嗎？

鄒老師　我當時對著全班說：「考前準備要充分，別考壞了，才怨天尤人。」

馮主任　進東，你是怎樣回應的呢？

進東　（一陣臉紅）我回老師說：「有什麼好酸的！」

馮主任　進東，你認為當時鄒老師是用言語在酸你，還是給予警惕呢？

鄒老師　我當時用意是……。

馮主任　鄒老師請等等，我要知道進東當時的認知與感受。

進東　因為當時我在生氣，所以覺得他在取笑我。

馮主任　現在回想起來，你還維持一樣的感受嗎？

進東　沒有。

馮主任　為什麼？

進東　老師教學認真，做人也非常嚴謹，所以我對他有點怕怕的。現在想起來，反而覺得那是考後的檢討和警惕。

鄒老師　主任，雖然我無意取笑學生，但當時我的用字遣詞也不太妥當。

馮主任　請繼續解釋。

鄒老師　我事後感到，身為老師，太為自己的立場說話、關心自己的教學成果，卻忽略學生對學習或測驗結果的感受。在當時的情境下，顯然我缺乏以足夠的同理心相待。

馮主任　你們剛剛的想法和解釋，我覺得很不錯。在平心靜氣時，大家都能合情合理去待人；只可惜一到緊要關頭時，用字遣詞便容易失控而不自覺，以致既傷人，也對自己不好。

鄒老師　主任說得對，我如果對學生小心下評語，也不至於引來不快的回嘴。

進東　如果我能謹慎控制自己，也就不會去回嘴了。

馮主任　說得好。其實，社會大眾如果能盡量以善意的方式評述各種情境或事件，既能獲得檢討的實益，又可避免當事者受到心理的傷害，豈非一舉兩得？

鄒老師　主任，我建議撤消上次進東因回嘴而受到的懲罰，也要為自己一時用詞不慎向進東道歉。

進東　謝謝老師，也請原諒我當時情緒上的失控。

馮主任　很好，也謝謝兩位的合作。回嘴的事，在校園裡時有所聞，結果常因處理失當而告上法庭，這不是我們願意見到的。我會建議學校，在老師進修上多注意師生溝通方面的訓練，也會在家長會時，協助父母減少家庭中的回嘴行為。

進東　馮主任，班上有好幾位同學在學校從不對老師回嘴，在家卻時常向父母頂嘴，這樣對嗎？

鄒老師　我們當老師的，在班上比較重視團體的秩序與向心力，期待教學目標在有助益的情境下達成，因此不易容忍挑戰權威的回嘴或頂嘴行為，多數同學了解這一點。

馮主任　就拿我自己家裡的情形來說，回嘴、頂嘴偶爾會出現，只要沒有惡意，彼此妥善處理，也可以算是家庭成員間互動的插曲吧！

進東　怎樣才算妥善處理呢？

馮主任　我對回嘴或頂嘴常做的反應是：「那種說法對你我都不公平吧！」「你反應的用意我接受，你的用詞我無法同意。」「你能不能用更能讓別人接受的詞語來表達呢？」「我想你是在憤怒中才會說那句話吧！」「你是不是覺得我剛才的批評或要求對你有失公平？」「你認為頂嘴有助於解決問題嗎？」

進東　主任真有一套。聽主任對回嘴所做的反應，會使我覺得不好意思再回嘴，或至少會選擇較為合理的反應。

鄒老師　從主任剛剛提到的經驗中我也學習到不少師生互動的技巧，這也是我今天的一大收穫。我平時只注意專心教課，忽略與功課同等重要的師生關係與溝通技巧。

馮主任　只要大家注意自己的一言一行對他人的影響，從正面的觀點看事情，並善用正面的鼓勵、少用辛辣的刺激用詞，人際間會更加和睦，大家也就更能和平相處。

小叮嚀

回嘴的事在校園裡時有所聞，結果常因處理失當而告上法庭，這不是教育界所願意見到的。歸根究底，學生對老師回嘴必有其原由，一味地怪罪學生的行為，有失公平。避免回嘴或頂嘴必須從父母或師長開始，例如對子女或學生下評語時盡量保持「對事不對人」的原則，避免使用「你啊，懶人才會懶得做」「不懂事的人就別胡謅」等無助於改善行為的負面用語。許多父母已經逐漸捨棄一些對子女詛咒式的慣用語，教育界便更有義務進一步鼓勵父母使用更為恰當的用詞。

另外老師在校應該以身作則，對學生有所要求或預知學生有接受評語的困難時，考慮使用較為正面的鼓勵或期待方式表達訊息。例如，學生答錯某試題或做錯某件事時，與其說「你怎麼這麼不小心！」（其實面對這個詢問，多數學生只會習慣性自責。）不如說「這裡還有改善的空間，不是嗎？」「這要靠你的智慧和努力來改正囉！」好讓學生有自己反省改正的機會，並從中獲得改正時的滿足感與事後受讚美的成就感，進而減少不當的回嘴或頂嘴，以提升師生間與親子間溝通的品質。

我學會說「不」了

秀玉是個典型的乖女孩，為取悅或討好他人，對外來的要求或請求總是唯命是從、不敢怠慢，日夜忙碌不堪。由於做事力求完美，身心能力卻相當有限，壓力已經累積到幾乎難以承受的地步。最近她身體疲憊、精神恍惚，已經影響到她的功課與日常言行。導師有鑑於此，便安排她去輔導室接受諮商。以下是她與諮商師的互動片段。

諮商師　秀玉，從妳在輔導室所填的資料與問卷看來，妳實在是個「大好人」，好到傷害自己也在所不惜的地步。妳說呢？

秀玉　老師，我只想做好我答應做的事。

諮商師　的確，做好答應人家的事，是應該的。

秀玉　（點頭）

諮商師　可是我想問妳，不論別人的要求大小妳都答應，為什麼？

秀玉　我不知道。

諮商師　妳是不是怕拒絕會使別人不高興？

秀玉　有一點。

諮商師　妳想藉此來交朋友？

秀玉　（含羞點頭）

諮商師　那妳有因為這樣而交了更多朋友嗎？

秀玉　有幾個，他們要我幫忙做事。

諮商師　為什麼？難道要妳幫忙做事才算朋友？

秀玉　也不是……唉！我只懂得取悅或討好別人，實在沒有什麼用！

諮商師　並不能說沒有什麼用，如果妳這樣想，反而不是健康的自我評價。

秀玉　老師，對不起。

諮商師　不過妳可以克服這種感覺。

秀玉　我該怎麼做才好呢？

諮商師　基本上，妳忙著替別人做事，就沒有時間和精力去做自己的事；其次，妳只顧及他人的臉色，反而會忽略自己的感覺。妳現在該做的是「找回自己」。

秀玉　（眼神為之一亮）

諮商師　妳明白我的意思嗎？

秀玉　老師是要我多為自己著想？

諮商師　沒錯。但並不是說，妳再也不必去理會別人，而是妳對別人的要求要有選擇性的做法。

秀玉　老師是要我對別人的要求謹慎考慮、不要隨便答應？

諮商師　不是我要妳這樣做，而是「妳要開始要求自己這樣做」。

秀玉　我知道了。

諮商師　第一，要考慮自己的時間與能力；第二，要考慮它對妳的人生目標有沒有幫助；第三，要看它有沒有價值。例如，妳幫美秀抄筆記，就不見得是一件好事情。

秀玉　（點頭）假如有個要求不符合那些標準，我該怎麼辦？

諮商師　妳說呢？

秀玉　就說「不」。

諮商師　妳可以試著勇敢地將「不」大聲說出來。

秀玉　（大聲重說一遍「不」）老師，如果決定拒絕了，要不要給對方理由？

諮商師　妳可以自己斟酌決定，但千萬不要因而感到內疚。

秀玉　我明白了。

諮商師 如果妳能堅持做下去，心理壓力會相對減少，不僅有更多時間去做好自己的事，也會感到身心愉快。妳可以告訴我今天學到了什麼嗎？

秀玉 老師，我學會說「不」了。謝謝老師！

小叮嚀

壓力是個人感到自己能力不足以應付某項事情的一種心理失衡狀態。在日常生活中、工作專業裡或在學校中，過多的壓力常使負荷者窮於應付，甚至有身心失衡的現象。在現代社會裡，人們感受的龐大壓力，不僅導致動作失控、言語唐突、不知所措，甚至免疫力減弱，身心健康因而大受損害。

在教育界裡，為人師表者應該重視學生承受壓力的能力，提供減輕壓力的策略或技巧，以維護或提升其身心健康。希望老師與家長，能在平時就注意學生所面臨的壓力問題，如發現有適應困難的現象，應及時處置。

學會說「不」是效果相當顯著的一種策略，旨在減少壓力的來源，提升個人應付環境需求的能力。從上述諮商師給予秀玉的心理輔導，可以看出適當的諮商方法能協助學生改善其適應壓力的能力。

5 人際關係

一起來協助需要友誼的同學

芳芳是班上人緣最好的國中生，但她從未忘記那些在交友上有困難的孤獨同學。雖然她想協助他們，但礙於能力與資源有限，便敦請溫老師的協助。

芳芳 老師，您常當眾稱讚我人緣好，我很感謝。

溫老師 哪裡。希望有更多的同學跟妳一樣，可以享受友誼的珍貴。

芳芳 我發現班上有幾位孤獨自處的同學，其實需要大家的幫忙，所以想要幫助他們。

溫老師 不簡單喔！妳不僅有同學之間的好人緣，也不忘那些需要友誼的人。

芳芳 謝謝老師的誇獎。

溫老師 那根據妳的觀察，班上哪些同學需要這方面的協助？

芳芳 我要提出的第一位是林繼堯，班上沒有同學願意跟他來往，他像是一位被同學孤立、拒絕往來的人。

溫老師 為什麼？

芳芳　同學說他不聽話、不服從也不合作，但我不知道他為什麼會那樣。

溫老師　他平常會對同學表現出敵意嗎？

芳芳　沒看過，也沒聽說過。

溫老師　有可能是繼堯父母本身的社交能力較薄弱，平時對別人也比較冷漠，所以對繼堯就比較少會有面對面溝通的機會。

芳芳　有辦法幫助他嗎？

溫老師　這要從家庭環境和學校雙方面去著手。家庭方面可以請社工人員來幫忙，學校這邊則要靠我們的努力。

芳芳　我們該怎麼做呢？

溫老師　我們可以很自然地、不刻意地接近他，尤其是在他有需要的時候，像臨時借用文具、小組討論、班上分派工作等，讓他知道我們有在注意他、傾聽他、關心他。除了讓他感覺被尊重和接納，也能他使逐漸感受周圍的溫暖。

芳芳　同學也更不該在背後議論或譏笑他。

溫老師　沒有錯，就算沒有惡意，也不該議論或譏笑。

芳芳　另外兩位是屬於人際交往技巧上有待改善的。

溫老師　妳是指張秋葉和尹玉蓮嗎？

芳芳　原來老師也知道得那麼清楚，佩服！

溫老師　他們各有不同的缺點要克服，也可以說各有不同的行為要改善。

芳芳　秋葉對人比較衝動、粗魯，不僅說話輕率、用詞直接、常惹人生氣，甚至也常頂撞別人，感覺不懂得尊重別人。

溫老師　他可能誤以為這些言行舉止是一種直率、不做作的表現，也可能是因為跟家人相處的習慣所造成。這樣的人際行為雖然不容易被社會接受，但是可以經由訓練來改善。

芳芳　該怎麼做呢？

溫老師　在具體改善言行之前，我們必須讓他在認知上了解哪些行為是適宜的、受歡迎的；哪些行為是不恰當、不被接受的。在學習期間，他如果感受到適當言行伴隨而來的人際溫暖，就會往正面的方向去走。

芳芳　至於玉蓮，她比較長舌、愛說人家的長短、常批評別人，大家因此跟她離得遠遠的。我覺得她其實是自作自受，可是又同情她的遭遇。

溫老師　假如沒有我們的幫助，她就難以改善，不是嗎？

芳芳　那我們該怎麼幫她呢？

溫老師　玉蓮有可能是因為缺乏自信，怕與別人比較、嫉妒別人，所以不自覺地先醜化四周的人，甚至編造或扭曲事實。

芳芳　那怎麼辦呢？

溫老師　如果是自信的問題，我們不但不該批評她，反而要協助她建立自信。

芳芳　具體的做法呢？

溫老師　我們可以提供機會，使她在學業、體能、工作或服務上有成功的表現，同時給予應有的誇獎和讚美。有了自信她才能信任別人，也才會輕鬆愉快地與他人和睦相處。

芳芳　我會跟幾位同學合作來完成這個任務，希望老師從旁協助我們。

溫老師　希望因為我們的共同努力，讓他們也能夠像其他人一樣，走出孤獨、分享友誼的支持與快樂。

小叮嚀

社會化是個人成長與發展的重要任務。由於遺傳與環境的交互影響，使得有些青少年沒能發展出適當的人際關係，成為人際團體中的孤島，友誼可望而不可及。

人緣佳的芳芳，自己享受友誼卻不忘孤離的同學，與溫老師討論可能原因和解決策略，希望經由共同的努力，使三位孤離的同學能順利地走出孤島，與同學們和睦相處、共享友誼的快樂。當然，這一願望能否實現，仍要看學校與家庭是否能充分合作，創造出一個溫暖、接納、友善、和諧、相互支持的樂觀環境。

補課有小組的幫忙真好！

曉慧因病缺課，返校後因鄭老師已將開學時組成的補課小組啟動，使曉慧如釋重負，順利將缺課補完。她非常感激鄭老師的這一項教學措施，也感謝同學無私的協助。看看曉慧的同學是如何協助她補課的。

曉慧 老師，我前兩天因為請病假，有一些課沒有上到，我想找時間把這些課補起來。

鄭老師 可以啊！我們班在開學時候制定的「學生補課辦法」，妳還記得嗎？

曉慧 記得。

鄭老師 我會請英傑他們的補課小組幫妳，如果有需要可以隨時再來找我。

曉慧 謝謝老師。

英傑 一知道妳請假缺課，我們小組成員立刻分工，像是各科筆記、代收老師發的講義與指定作業等。我負責的是筆記，這些是這兩天上課的所有筆記影印本，所以妳不必補抄；筆記後面有抄寫同學的名字，如果有疑問，可以直接詢問他們。另外靜宜負責的是講義和指定作業。

曉慧 謝謝組長，辛苦你了。

靜宜 曉慧，這些是老師所發的講義，妳還有一份考卷保留在老師那裡。我為妳抄下缺課那兩天的指定作業，妳要分別請老師訂個補交日期。

曉慧 謝謝，我會去請教老師。

英傑 對了，茜如有替妳在班上做那兩天應該負責的分派工作。

茜如 妳在班上衛生組的工作由我和素芬分別擔任，結果還不錯，請放心。

曉慧 真是太好了，沒有補課小組的協助，我一定會忙得要死。

英傑 同學之間互相協助是應該的，說不定明天我有事請假，就換你們幫我忙囉！

鄭老師 像補課這樣的事情，我們已經有具體的做法，同學之間互相幫助的結果，會比一個人沒有組織地拼湊要來得有效。有補課措施，缺課的人就不至於驚慌失措，也可以在更短的時間內恢復正常上課學習。

曉慧 我覺得很幸運，老師提供這樣的補課辦法，同學之間也都能夠互相幫忙。希望所有在校的同學都有類似補課小組的做法。

鄭老師 你們要記住，補課小組的用意是為了能夠有系統地去幫助缺課的同學，主要的責任還是在缺課同學本身；當然曉慧如果能夠因而順利恢復正常上課學習，就證明補課小組的做法是有它的效果。

英傑 謝謝老師，也謝謝小組成員的合作和支持，以及曉慧對我們的信賴。

小叮嚀

在學校，老師因故請假，其教學職務由校方指派人員代課；學生因故缺課，卻殊少有個適當的代行處理辦法，返校的學生只好自行摸索。其實，有些缺課的學生會有摯友私下提供一些協助，學校若能將各項協助做有系統的整合，成立類似補課小組的辦法，於開學時讓師生知道如何處理缺課問題，避免忙亂補救所引起的惶恐或挫折，便能使缺課的學生都能盡快恢復正常的學習。鄭老師在這方面的教學措施，值得其他師生正面的響應；曉慧獲得協助的感恩，也值得其他家長的呼應。

我該嘗試改善我的EQ

雯麗是個直率、有話直說的學生。她過去以此為傲，現在卻頻頻被譏諷缺乏EQ，即使她唯一的摯友，也提醒她留意這個情況。同學雖試圖解釋EQ的重要，她仍然不解，覺得是要她委屈自己、多看他人的臉色或多拍別人的馬屁。在家，父母及姐弟多數是「直腸子」，習慣「你來我往」，即使為某件事情爭個面紅耳赤也不覺得有什麼大問題。在學校，自己卻動不動惹出是非，總覺得這個社會太不易相處了。於是，她向輔導處的余老師請教，對所謂「缺乏EQ」的批評，該如何適從。

雯麗　同學說我缺乏EQ。老師，我真需要EQ嗎？

余老師　妳說呢？

雯麗　我不知道。老實說我還搞不清楚什麼是EQ？為什麼需要EQ？我略微知道什麼是IQ；至於EQ，我不懂。

余老師　批評妳缺乏EQ的人，有沒有向妳解釋或勸說？

雯麗　有。可是我還是不懂。例如他們勸我說話不要那麼直、要婉轉、要考慮該怎麼說、何時說；他們還要我注意說話時的情緒或口氣，要考慮當時對方的感受。

余老師　那樣做有困難嗎？

雯麗　老師，要我注意這些，我根本就說不出話來。有話直說，不是直截了當嗎？為什麼還要拐彎抹角，簡直太虛偽了。

余老師　妳說對了一點，那就是有話要盡量直說，不僅可以暢所欲言，內心也感到舒暢，對嗎？

雯麗　對啊！我就喜歡那樣。

余老師　問題是，妳有話直說時的情緒、態度與訊息，是不是能被對方接受呢？

雯麗　噢，我還要管那麼多啊？

余老師　妳如果想跟別人維持良好的人際關係，當然要注意溝通時對方的反應。例如對方是不是了解、接納與回應妳所說的，不然豈不是白費口舌？

雯麗　我不是不想和大家和睦相處，只是已經習慣爸爸所要求的「有話直說」的家庭溝通方式了。

余老師　那種溝通方式有效嗎？

雯麗　可能有時候會各說各的，時常吵個不停就是了。

余老師　這個時候，EQ 就顯得很重要了。

雯麗　為什麼？

余老師　EQ 是表達情緒智慧的一種商數。它的高低代表個人管控自己情緒、辨識他人的情緒，並運用情緒以引導行為、增進人際關係的能力。

雯麗　老師覺得我有管控、辨識與運用情緒的能力嗎？

余老師　當然有，只是可能缺乏實際運用的機會，比較生疏。

雯麗　對啊！我每次有話脫口而出時，就看到對方不悅或忿怒，事後總是有些後悔。這表示我還是有注意到對方的情緒或反應，不是嗎？

余老師　完全正確。這證明妳不僅有高度的領悟力，也有發展 EQ 的潛力。事實上，妳還蠻關切人際的和諧關係。

雯麗　謝謝老師。

余老師　那麼，我想聽聽妳要如何發展自己的 EQ。

雯麗　（思索片刻）老師，我猜第一步應該是學習管控自己的情緒。

余老師　非常正確的第一步。告訴我妳會怎麼做。

雯麗　說話時要心平氣和，避免傷人？

余老師　對，不僅如此，溝通時如果能多使用正面的語氣，效果會更好。

雯麗　請老師舉個例子好嗎？

余老師　例如，「勸他人不要懶惰」或「鼓勵他人盡量勤奮」，哪個比較容易被接受？

雯麗　「鼓勵他人勤奮」當然比較好。誰願意挨罵！

余老師　既然妳關心別人的感受，妳也可以進一步注意他們當時的情緒狀態。

雯麗　那是我該做的第二步了。假如對方一時不想聽的話，我就暫時不說，是不是表示我有EQ？

余老師　多數人會肯定妳這樣做。

雯麗　可是我要等到什麼時候才說呢？

余老師　等到他該聽或願意聽的時候，效果會最好。

雯麗　嗯，有道理。

余老師　（微笑）

雯麗　看來，要有高EQ，我還需要一段很長的時間去練習！

余老師 只要妳從現在開始，盡量改善妳自己的情緒反應，注意待人的情緒與態度，妳就可以慢慢體會到它所帶給妳的正面反應，從而累積更多的良好人際經驗，高 EQ 也就指日可待！

雯麗 老師，謝謝你，我會加油的。

小叮嚀

在互動頻繁、關係複雜的社會裡，如何維繫良好的人際關係是人人都該關切的課題。美國的高曼先生將個人處理人際關係的能力稱為 EQ（情緒智商），他將成功企業家的成就歸功於他們有高度的 EQ，因而使 EQ 大受人們的注意。由於 EQ 涉及情緒的管控與運用，因此要改善或提升 EQ，必須從體驗、管控、運用自己與他人的情緒著手。

雯麗被友人提醒缺乏 EQ，但她有勇氣與智慧去求教余老師，是值得慶幸的。更重要的是，余老師不用教條式的說教方式，而是採取誘導的策略，引發雯麗改善自己言行的動機與承諾，並從旁協助與鼓勵。希望學生們都能在進入社會就業之前，從同學或同儕之間的互動經驗中，學習如何提升 EQ；也希望老師們能以身作則，協助學生生活在高 EQ 的和諧人際關係中。

沒有霸凌的日子多好

坤明是國中一年級的學生，成績中上、為人老實誠懇。最近在學校總是無法擺脫被另一個同學毅軍的欺負、霸凌，因而鬱鬱不樂。一天，他終於忍受不住而向黃導師投訴。以下請看黃導師如何處理這個問題。

坤明　老師，我最近心情常受到影響，之前因為多在公開場合不方便明說，但是現在實在是忍無可忍了，卻又不知如何是好，只好向老師求助，您肯幫我嗎？

黃導師　當然，協助你們學習或排解生活的負面情緒，本來就是我的責任。你就直說讓你鬱鬱不樂的事吧！

坤明　最近班上的毅軍常莫名其妙地靠過來，從身後用筆敲我的頭，然後閃身跑開，不時還回頭嬉笑，擺出很得意的樣子，真的讓我覺得很生氣。

黃導師　這真的會讓人很生氣耶！你知道他為什麼會這樣做嗎？

坤明　不知道。我問他為什麼打我，他還故意慢條斯理地學我說「為什麼打我」，然後哈哈大笑。您說會不會令人更生氣！

黃導師　你有沒有想過要怎麼樣去回應他這種讓你覺得生氣的行為？

坤明　有啊！想拿枝球棒，從他後面猛打他幾下，讓他閉嘴！

黃導師　坤明，我想藉這機會向毅軍查證與了解這個事情，你可以先在旁邊等一下嗎？

坤明　（點頭）謝謝老師。

（導師把毅軍叫到休息室）

黃導師　毅軍，老師邀你來，是想了解你的近況。最近好嗎？

毅軍　還好！就是數學一科沒有考好，其他科目還可以。

黃導師　人際關係方面，我知道你一直是班上很受歡迎的人物，這點我為你感到高興。

毅軍　（低頭微笑）

黃導師　不過，坤明跟我說你最近常無故敲他頭，做出一些霸凌的舉動，讓他很生氣。有這回事嗎？

毅軍　唉呀！真是的，我是跟他開玩笑啦！只是輕輕地敲他頭，學他講話的怪樣子。我不是霸凌他，他太小題大作了！

黃導師　也許他的反應比你想像的強烈，但是對同一件事而言，每個人畢竟各有不同的感受，如果他的感受與你不同，你是不是該尊重他的感受呢？何況你不是他、他也不是你，對吧？

毅軍 （低頭沈思片刻）老師，我知道了，我可能做得比較過頭一點，我不會再去敲他頭，或是學他講話的樣子。

黃導師 很好，你懂得反省，也難怪會受同學歡迎。但是我要你做一件事。

毅軍 老師請說。

黃導師 如果你能親自向坤明表達你的誠意、交換彼此的觀感、理解彼此的感受，也願意化解過去的誤會，這樣是不是更好？

毅軍 老師，我知道了。我要先向老師道歉，也向坤明道歉。

黃導師 好，你直接跟坤明說吧！

毅軍 坤明，我想對之前向你動粗和做出無禮的事情向你道歉。開始的時候，因為敲你的頭覺得好玩，後來又看你惱羞成怒的樣子，反而感到有趣；雖然沒有欺負或霸凌的意思，但是對你所造成的傷害太大了。你可以原諒我嗎？

坤明 算了，既然你也在老師面前道了歉，我就不再生你的氣了。但是你會不會哪一天又重蹈覆轍？

毅軍 我發誓一定不會。老師，我一定會跟坤明好好相處、彼此尊重。

黃導師 你們處理得很好，我以你們為榮。沒有霸凌的日子多好！

小叮嚀

霸凌是個人對較弱小者施以語言或肢體攻擊的行為，不論原由是什麼，校內校外常會看到學生霸凌行為的發生。一般而言，年輕人容易混淆玩笑與霸凌；施予者錯估將霸凌當作玩笑，收受者誤認玩笑為霸凌。在美國，曾有兩位同校的高中棒球隊員，彼此就因這類的誤會而殺害其中一人，後悔已晚。

以黃導師對毅軍霸凌同學的事件來說，老師能以同理心去感受坤明的不快與惱怒，趁機糾正毅軍在認知上的不當，並更進一步鼓勵他們去主動解決同學之間的人際與品德問題，其處理方式值得稱許。

我該相信他嗎？

秀慧是某女中的學生，因品德兼優，深受蔡導師的喜愛。但近日有個深深困擾她的交友難題，幾經思索，終於鼓起勇氣，決定請教蔡導師。

秀慧 老師，我有個私人的重要問題想請教您，不曉得會不會太冒昧？

蔡導師 不用客氣，請說。

秀慧 （低頭沈默片刻）我最近交了個比我大一歲的男朋友，他對我很好，我還蠻喜歡他的。

蔡導師 你們交往有多久，妳對他的認識有多深？彼此還算滿意嗎？

秀慧 差不多一個半月，關係還算一般，我們彼此蠻談得來的。

蔡導師 你們雙方父母都知道了嗎？

秀慧 他說他已經告訴他父母了。我媽也知道他；我爸是個大忙人，我還沒有機會告訴他。

蔡導師 問題在哪裡呢？

秀慧 我不知該怎麼說……。

蔡導師 妳就盡量直說吧！

秀慧 （遲疑片刻）有一天傍晚在一起散步時，他突然問我要不要「那個」。

蔡導師 妳的意思是他想跟你發生性關係？

秀慧 （點頭，滿臉一陣通紅，不敢抬頭）

蔡導師 妳當時是怎麼反應或回答的呢？

秀慧 我當時愣了一下，問他：「為什麼？」

蔡導師 他怎麼回答妳？

秀慧 他說他愛我。

蔡導師 妳相信嗎？

秀慧 我也搞不清楚。我喜歡他，但他的要求太突然，我不知道該怎麼面對他，我已經有一星期沒跟他來往了。老師，我該不該相信他，繼續跟他來往呢？

蔡導師 這要由妳自己來做決定。

秀慧 老師，您是不是覺得他的要求太輕率、太過分？他不是真的愛我？

蔡導師 我不敢肯定他是不是真的愛妳；我想問妳的是：第一，他是以哪一種口氣向妳提出這個要求——輕鬆？隨便？謹慎？吞吐？第二，妳沒有答應他的要求時，他有沒有要妳做出什麼後續的回應？例如給妳時間考慮，或要妳想想看？

秀慧 他好像是以不太在意的態度提出要求。我沒有同意時，他聳聳肩地說：「那就算了。」

蔡導師 他提出要求時的態度，以及對於妳沒答應要求時的反應，可以透露出一些訊息，妳感受到了嗎？

秀慧 您是說他想從我身上得到的，多於對我的關愛？

蔡導師 妳說呢？

秀慧 老師，您說得很對。回想我跟他交往的日子裡，他異常殷勤地誇耀我、討好我，使得我有說不出的快樂與滿足感。如果真愛我，他應該為我的現在與未來設想才對。

蔡導師 看來，我們這一席話，使妳能夠比較清醒地去看待情感的互動，也能為自己的未來做出更負責的決定。

秀慧 謝謝老師！請放心，我知道這段感情的事該怎麼處理了。

小叮嚀

秀慧是個正在求學的高一女生，也正是對愛情充滿想像的時期，墜入戀情是自然的歷程。不過，由於男女雙方可能對愛情的需求、動機與目的互異，因此在戀愛的過程中會有一些必要的選擇與決定——性關係便是其中非常關鍵的一個決擇，也因此提醒在熱戀中的青年男女做出合乎情理的決定，是教育界的職責。

秀慧正陷入戀情之中，所幸在面對來自男友意外的性要求時，會本能地產生疑問，阻止對方的要求；事後又能不隱瞞地直接請求導師開導。幸而善解人意與關懷學生的蔡導師，能以男女互動中的言行做基礎，讓秀慧觀察與領悟其中的意義，進一步為未來的感情世界做出更合情合理的選擇與決定。

影響學習的師生關係

文憲是個高中生，自從與教導數學的楊老師有個重大爭論失和後，他與楊老師便陷入相當不快的師生關係，不僅彼此間的互動大為減少，而且他的數學表現也如同自由落體般地急劇下降。雖然他的父母屢屢規勸，要他容忍或設法改善與老師的關係，但在沒有適當的輔導或助力下，情況沒有任何改善。這事被有豐富心理學背景的劉主任知道了，便在諮商與輔導中心的安排下，與文憲和楊老師進行當面會談。以下是他們的會談歷程。

劉主任　我今天請兩位來，是希望能排除任何影響有效學習的障礙。

楊老師　謝謝主任的關心。

劉主任　文憲，在學校你是一位頗用功的學生，卻有個問題一直困擾著你，對嗎？

文憲　劉主任，很對不起。我知道我做錯了一件大事，為了數學試題向老師挑戰，又不服老師的解釋，鬧得彼此不講話，甚至想放棄數學這門課。

楊老師 說實在的我也有責任，身為老師居然為課業跟學生鬧彆扭。也許我太重視面子，受不了學生當眾的質疑，製造了那一次不歡的衝突場面，事後也沒用心去設法補救。

劉主任 既然雙方都表達了悔意，我就不再去追究誰是誰非的問題；我想知道你們近來彼此的感受，看看你們之間的師生關係。

文憲 我不曉得該怎麼說，我只知道我現在對楊老師沒有恨意，也說不上憤怒，突然間變得有些冷漠，好像不在乎什麼似的。

楊老師 文憲的態度我有所感受，雖然會關心，但怕惹起比上次更強烈的反應，反而沒勇氣去面對處理。平時我只重視教書，卻忽略人際關係對教學效率的影響；這次我跟文憲之間的不快，使得自己教書時頗不如意，文憲受害得更慘。主任，在人際關係的處理上，您有專長，還要請您多指教。

劉主任 學生能喜歡老師當然最好；如果討厭老師或害怕老師則會妨礙學習效率；倘若學生對老師冷漠，那麼對教學效率就會產生嚴重的傷害。

文憲 為什麼？

劉主任 討厭或害怕雖是負面的情緒，但它們仍是一種動的反應；冷漠卻不是。所有心理學的觀察都指出，父母的冷漠對子女身心發展上的傷害，比其他情緒更為嚴重。

文憲　我也覺得深受其害，還請主任給予解釋好嗎？

劉主任　我來舉個例子好了。如果你打電話給楊老師，鈴響後，老師只回應一聲「喂」，既不掛斷、也不吭聲。他若持續那樣做，你形同屢屢碰壁，你的感想會是如何呢？

文憲　當然會很生氣，我寧願他在電話中罵我，感覺表示他還在意。

劉主任　那就對了。楊老師在那次事件後沒有再做適當的處理，可以說是一種冷漠——當然是不是冷漠要看當事人的感受與解釋，也許楊老師還在期待時間去沖淡你們彼此間的不快。

楊老師　這是我的誤判，我要向文憲道歉。主任，為什麼冷漠的人際關係會有那麼大的傷害呢？

劉主任　以一般用語來說，冷漠就是無情，而對人對事無情，就不會有什麼動機或企圖。學生上學的目的就在學習，一旦對學習冷漠，還有學習可言嗎？文憲，你對老師無情、對數學課冷漠，所以功課一落千丈，不就是具體的例證嗎？老師也是一樣啊！

文憲 老師、主任，我懂得冷漠的可怕了，為此讓大家關心我，我要向大家道歉（起立鞠躬）。之後我會好好地改善自己對老師的態度與行為。

楊老師 我想我們也學到一個教訓：師生關係確實會影響學習的品質，我們要珍惜它、改善它。

劉主任 我要感謝你們的了解與合作。師生是學校的主體，良好的師生關係同樣是提升教學品質的重要動力，有了好的關係，我這個主任也幹得起勁、快樂啊！（哈哈大笑）

小叮嚀

學習本是一種認知歷程，但它受到許多因素的影響，如學習材料的結構、內容的涵義，學習者的注意、動機、情緒、背景知識與學習的情境等。身為老師若不了解影響學習的因素，可能導致言之諄諄、聽之藐藐的結果。此篇要強調的是常被一些老師忽略的「師生間的人際關係」。

與老師缺乏友善關係的學生，會聚精會神地聆聽該老師的講課嗎？若沒有互信關係，會輕信對方嗎？若缺乏互敬關係，能佩服對方的言行嗎？若認為對方不公，會願意接受對方的裁判嗎？若懷疑對方的智慧，會遵行對方的研判嗎？若感嘆對方的冷漠，能燃起互動的熱誠嗎？

文憲與楊老師的一段不快關係及其後果，告訴了我們，有良好的師生關係，才能期待專注的教學心境、才有百分之一百的認知投入、才有教學的共同熱忱、才有獲得新知的滿足感。我們要感謝劉主任對此事的關心與專業上的處置，接納文憲與楊老師悔改的善意。期待全體師生都能在良好的師生關係中，共同為有效教學而努力。

珍惜尊嚴

立德是個數學蠻好的國小六年級學生，可是近來算術成績逐漸退步，上課也時常東張西望。老師盧秀玉覺得有異，便請他到辦公室一談，以了解原由。

盧老師　我想跟你聊聊你的近況，尤其你在算術方面近來的表現不太理想，你可以說說在這方面遇到了什麼困難嗎？

立德　老師，很對不起。

盧老師　為什麼？

立德　我不知道該怎麼對老師說……。（開始哭泣）

盧老師　（停頓片刻）沒關係，你就直說吧！

立德　（低著頭）我本來特別愛上老師的算術課，所以我的算術成績還不錯。但是最近發生一件事，使我改變對老師原有的印象。我知道我不應該，但是它在我的腦海裡揮之不去。

盧老師　怎麼說會改變對老師的印象？是哪件事或哪個人讓你改變呢？你願意讓我知道嗎？

立德　（點頭）

盧老師　是最近發生的事嗎？

立德　是一個月以前，跟月考有關。

盧老師　你上次月考算術的成績很好啊！

立德　老師記得我第三題的答案被扣分嗎？

盧老師　對，我還記得。你是因為被扣分而改變對我的印象嗎？

立德　不全然是，但跟它有關。

盧老師　你可以說明白一些，不要怕。假如我扣錯了，我會改正、也會道歉。

立德　是這樣的，我爸爸也很懂得數學，在家他常指導我解算術難題。他看到我第三題被扣分，就細看我的解題做法，然後嘆口氣對著我說：「你照我教你的代數解題，應該是一個很好的方法，卻反而被扣分；到底你們老師知不知道這個解題方法？你這個老師未免太不……」（說不下去，開始嗚咽）

盧老師　我知道了，別難過，也不必說下去了。我想當時你爸爸是基於愛護你的心態，又誤會我才會有那種情緒反應，我可以了解。

立德　我爸爸說要跟您談，他有嗎？

盧老師　還沒有。所以，從那時候起你覺得我可能並不是一個很懂算術的老師，是嗎？

立德　對不起，是爸爸無意間說的。

盧老師　這件事，我也有責任，我沒有在扣分時註明扣分的原因。我的原意是，你的代數解法是對的，但我也要求你把上課時老師示範的算術解法寫上，以證明你在上課時也學到另一種解法，所以我只扣些微的分數。現在你了解了嗎？

立德　（點頭示意）對不起，我們都誤會老師了，我爸爸當時如果不那樣批評老師，我也不會受到那麼大的影響。

盧老師　不論如何我們應該學會冷靜處理問題——如果處理不當，反而自己可能喪失尊嚴，也會損傷別人的尊嚴。今天能有機會冰釋誤會，太好了。

立德　我爸爸也應該向您道歉。

盧老師　這個由我來跟他溝通，希望你重新找回過去算術課的熱忱。

立德　當然。謝謝老師！

小叮嚀

教育下一代，老師與家長本應同心協力，為子女提供最佳的學習條件，以獲得最理想的學習成果——老師辛勤地教學，家長也不忘協助子女做好家庭作業。

然而老師和家長彼此之間有時不免發生方法不一致、意見相左或措施失當的情況。為了使教學能在和諧的氣氛中持續進行，老師與家長應做最適當的溝通與處理，使歧見或誤會減到最低、衝突減到最少，讓問題得到合理的解決。

值得關切的是：在學生或子女面前，老師評論父母或父母評論老師，都應考慮其影響的正、負後果。立德的父親對兒子試卷被扣分一事表達關切是合理的，也是該鼓勵的；但在兒子面前用強烈言辭斥責老師的不是，則應完全避免。

立德因父親一言，改變他對老師的尊重，也改變他的上課態度，其代價實在太高，也是立德的父親所未意料到的，應引以為戒。同理，老師在學生面前有必要評論家長的某些做法或看法時，應該考慮對方的尊嚴，尤應避免人身攻擊。

6

生活與職涯

學習適應多元的社會

湯志皓最近在暑期赴美作短期遊學後，對美國高中的多元化課程印象深刻，便請求在美國獲得碩士學歷的王老師，與同學共同討論國內學生面臨的多元社會適應問題，希望藉此增加師生對此問題的關切與了解，以增進不同文化間的相互欣賞與和睦相處。以下是他們師生對多元社會的適應問題所做的討論。

李信雄 老師，上個月湯志皓向我們幾個同學談起美國校園裡，少數民族的文化適應問題。我覺得我們的社會也有一大堆類似的問題有待面對與解決。

王老師 比如說呢？

湯志皓 像是我們有族群問題。

王老師 你從哪裡發現這個問題？

湯志皓 從表面看並不明顯，但是一到選舉或討論到兩岸問題的時候，就突顯出來了。

劉秋蕙 加上藍綠政黨的互槓，問題就更嚴重了。

王老師　不否認、不迴避，你們能理性地面對，是很可取的態度。除了族群問題之外，你們還看到哪些多元文化的問題？

方季平　還有貧富差距問題、宗教信仰不同問題、社會階層問題……。

劉秋蕙　還有性別差異的問題……。

王老師　不論是哪方面的問題，你們有沒有看出問題的癥結所在？

（沈默一段時間）

湯志皓　我猜是大欺小的問題。

吳文洋　我想是強欺弱的問題。

劉秋蕙　我認為是多數虧待少數的問題。

王老師　你們分析得很好。我們目前社會面臨的最大問題之一，是少數與弱勢的問題。在現在這種多數決定的民主政治裡面，少數和弱勢有可能成為受害者，不管是在政治、經濟、文化等各方面都是如此。

湯志皓　對啊，在我們班上就有這種現象。

林富美　包括我在內，班上就有六、七位屬於少數或弱勢的。

王老師　富美，妳願不願意把身為少數或弱勢者的感觸說出來，跟大家分享？

林富美 （遲疑片刻）老師，我時常感到無助，覺得孤獨。（低頭、臉紅）

湯志皓 富美非常勤奮，成績也很好，她的無助、孤獨感，我們都有責任。

王老師 可見，我們所談的是切身的問題。我們必須從自己做起，一起學習如何適應這個多元的社會。

吳文洋 老師有什麼方法嗎？

王老師 我有些建議，但我也希望大家提出自己的看法。

湯志皓 現在我們各自都在念自己的書、交自己的作業、為自己在考試。我在美國的一所高中，看到幾個不同種族與社會階層的同學，在老師的協助下分工合作完成特定計畫，這對學生間的相互了解、互助合作頗有幫助。

王老師 你說的是一種類似拼圖教室 (Jigsaw Classroom) 的計畫，大家在「拼圖」，也就是為共同目標而努力，拼好的圖就像一個已完成的目標。

吳文洋 我們在幼稚園和小學一、二年級就有些一起合作的遊戲，長大了反而缺乏合作計畫或活動，真可惜。

王老師 除此之外，同學之間相互吐露自己的生活經驗，也可以讓來自不同族群與文化的人，發現他們有許多相類似的成敗、憂慮、困難或期待，才不至於覺得彼此之間有太大的歧異性。

林富美：對啊，我很希望同學能了解我們家是怎麼過生活的，我也希望自己能透過家境優渥的同學，分享體驗、交換生活經驗，增進彼此的了解。

王老師：富美，妳的建議很好，希望大家考慮考慮，相信你們會從中領悟它的價值。如果你們能多參閱有關世界各地民情風俗的報導，看看不同文化如何塑造不同的風俗習慣，會增進你們協助少數或弱勢同學的意願。

湯志皓：老師，如果有同學對其他人在經濟上、文化上或族群上有刻板印象或偏見，該怎麼辦呢？

王老師：如果大家在功課上、作業上、生活上都能打成一片，彼此互助互諒，刻板印象或偏見也會自然地逐漸消失。

吳文洋：看來我們之前只顧讀好書，卻忘記學習做人處世的道理了。

王老師：文洋，希望大家都能聽到你由衷的感嘆，好好學習如何適應這個多元的社會。不僅開拓自己的心胸，也可以創造一個更和樂的社會。

湯志皓：我覺得今天的討論收穫豐富，我要感謝大家熱誠地參與、提供寶貴的意見與建議，更要謝謝老師的啟發與指導。

小叮嚀

多姿多采的多元社會對人生是歷練、也是挑戰。學習與不同族群或不同文化背景的人們相處，不僅可以擴大視野，也有機會與不同習俗的人和睦相處，造福社稷。這種歷練與挑戰應該從小就開始，以避免不必要的偏見、歧視、對立或分裂。遺憾的是我們的教育仍然沒有擺脫讀書第一、升學至上的心態，在校偏重與認知攸關的課業學習，忽略如何與不同族群或文化背景的同學彼此適應、相互學習，使得社會中存在著政治、經濟、文化或習俗上的相互猜疑、嫉恨、歧視，甚至衝突。

湯志皓等學生與王老師對此問題的關切與討論，有助於國人對如何建造一個和諧與合作的多元社會，有新的認識與承諾，也期望教育界能在這方面有積極的帶頭作用。

是該減重的時候了

淑幸是某女中的學生，近來成績有明顯地滑落，情緒也十分不穩定，被平日關心言行的宋老師覺察，於是進一步私下約談她。

宋老師　妳知道為什麼老師請妳來嗎？

淑幸　大概是最近成績不理想吧！

宋老師　這是原因之一。

淑幸　還有，我常低頭不語，有時脾氣暴躁、怒罵別人。

宋老師　這是我比較關切的部分。

淑幸　對不起，我的表現讓老師失望了。

宋老師　老師不會對妳失望，相反地，我對妳有期望。我希望幫妳減少或移除影響妳情緒的因素，妳肯告訴我為什麼嗎？

淑幸　（低頭不語）

宋老師　假如妳覺得不方便說，我們可以改天再談，或者可以用別的方式讓我知道，好嗎？

淑幸　不，我可以現在談嗎？

宋老師　當然，歡迎妳直說。

淑幸　老師，我是不是太胖了？

宋老師　為什麼會這樣說？

淑幸　因為有些同學會私底下這樣告訴我。但是為什麼胖就不對呢？我爸媽也胖、蘇老師也胖，走在路上也會看到有愈來愈多的胖子不是嗎？

宋老師　胖並沒有什麼不對，只是從我們目前所處的社會層面來說，體重過重除了的確會影響健康之外，也比較會影響妳的人際關係或工作機會。

淑幸　我們在健康教育課也有提到體重過重的身體問題；只是說到人際關係或工作機會我就氣炸！

宋老師　妳碰上問題了嗎？

淑幸　我覺得我的朋友好像愈來愈少，幾乎沒有同學要跟我來往。連要在速食店或百貨公司當時薪店員，人家都嫌我太胖，要我減幾公斤後再來。氣死我了。

宋老師　妳所說的幾點雖然都是負面的，但也都是生活的現實面，不是嗎？

淑幸　（低頭不語）

宋老師　其實妳長得很好看，氣質也不差。我雖然不知道為什麼同學疏遠妳，但我想如果妳可以改善過重的問題，妳在應徵店員或是面試其他工作上，說不定就會有更好的發展。

淑幸　（抬頭端視老師）

宋老師　相信我，如果妳運用妳的優點，改善需要改進的部分，妳的未來會有很好的發展。

淑幸　既然老師對我有信心，我會開始努力。

宋老師　妳知道該怎麼做了嗎？

淑幸　從現在開始，是我減重的時候了！我一定會加油，也請老師多督促我。

宋老師　預祝妳成功！

小叮嚀

老師對學生或父母對子女，經常以「要專心讀書」相勸誡，雖然立意甚佳，但讀書容易，專心卻不然。老師在上課時，到底有多少學生在專心學習，是值得探討或注意的課題。

上課時，干擾學生專心讀書的因素太多：有一時的，如剛與男（女）朋友爭吵、昨夜買貴了衣服等；有長期的，如感到天賦不足、與男（女）朋友並非門當戶對、貌不如人、前途茫茫等。對淑幸而言，體重過重是目前困擾她的重要因素，也是影響她課業、人際關係與求職等的現實問題。老師與父母若能多關心困擾青年男女的問題，使他們在上課或自修時不會分心他顧，則「專心讀書」才不至於淪為口號。宋老師以審慎交談的方式，不僅點出困擾淑幸的問題所在，也讓她痛下決心，自己找出解決的辦法。

隱私要靠大家的合作

秀娟就讀國中，在生活圈裡的隱私一直是她難以釋懷的事。她一直害怕有人在注意她、偷看她的東西，或談她的私事。她知道隱私是這個社會的共同要求，但總覺得自己時時刻刻要為隱私而擔心。翁導師在班上做了一次關懷隱私的簡易調查後，把最關心隱私的幾位同學找來，一起討論這方面的問題。

翁導師　看來隱私這件事是你們幾位的共同問題，我希望能找出成為你們問題的個別理由。秀娟，就由妳開始吧！

秀娟　老師，我最不習慣的是，家裡的人隨意進出我的房間，甚至打開我的書包、查看我的包包。

文英　我比較幸運，沒有查書包或皮包的事；但爸媽時常查問我用電腦的狀況，像是跟誰在網路上交談、談到什麼程度、誰傳什麼簡訊給我等等。

彩雲　我爸媽在國外待久了，非常重視隱私；倒是有些同學一天到晚問我這個那個的，實在有些煩！

婷妤 我的問題出在姐姐，她像偵探一樣，一天到晚盯著我，我幹什麼她都想知道。

翁導師 看起來，你們都有一些和家人或同學在相處上的問題。事實上，隱私是現代社會的產物。在過去農業社會裡，集體的福利才是社會所關切的，那時候沒有個人隱私的概念，談不上有侵犯的問題；如今我們已邁進民主社會，個人的價值逐漸被尊重，個人的隱私權才開始有了法律的保障。

秀娟 老師的意思是，我們個人重視隱私的問題，其實是從過去到現在隨著時代改變而逐漸衍生出來的？

彩雲 我也是這樣覺得，這裡有許多人一時沒辦法改變舊觀念與舊習慣。

文英 對啊！我一上網爸媽就管得很緊，上網對他們來說是年輕人「胡來」的新玩意；他們不會玩，又不放心我去玩。我不怪他們，只是覺得被管很不自在。

翁導師 婷妤的問題比較特殊，她沒提到爸媽，卻覺得姐姐像偵探似的。難道說姐姐還沒感受到隱私的可貴嗎？

婷妤 可能是爸媽都在外工作，所以她想替爸媽來管束我吧！

翁導師 根據我的觀察，你們已經接受民主教育的洗禮，會重視個人的價值與權益，因此對隱私有高度的期待與警惕，隨之而來的問題也清楚地浮現出來；只是與其懷疑別人侵犯隱私的動機，不如從轉型社會一時失衡的現象來思考。例如許多人大談民主，卻不斷地侵犯他人的權益；高談個人尊嚴，卻時常使用團體暴力。

秀娟　老師，您是說要充分保護隱私，必須培養自己對他人價值與權益的尊重，同時從態度與習慣著手？

翁導師　沒有錯，如果每個社會成員都有良好的民主風範，你們也不必像今天這樣那麼憂慮隱私的問題了。

秀娟　想不到我們對侵犯隱私的抱怨，能從老師的指點找出問題的根源。看來社會問題要靠大家合作，從宣導與教育著手。

翁導師　從這次的討論中，我深深體會到你們觀察的敏銳、推理具有邏輯，對改善問題有高度的意願。我以你們的表現為榮，希望你們持續下去。

文英　謝謝老師的鼓勵，您是我們所敬重的老師。

小叮嚀

社會中不合理的問題層出不窮，侵犯隱私便是其中的百態之一，這些問題都有值得我們去深究思考的地方。我們號稱自己所處的是民主社會，卻不是人人都有民主風度，也並非都能尊重他人的尊嚴與價值，因此侵犯隱私的現象比比皆是，只是嚴重程度彼此不同罷了。

秀娟與其他同學所遭遇的隱私問題，在與翁導師的深切討論中，最後找出這個社會問題的主要根源。老師多與學生探討切身的問題，可以激發他們解決問題的動機與智慧，同時也是鼓勵他們從合作中參與問題的解決。希望年輕人對隱私問題的關切，會因我們對問題的真正了解而獲得改善。

網交是個危險的賭注

曼玲就讀於女中二年級，個性內向害羞，過去與同學只有泛泛之交，沒有異性朋友。最近幾個月來，她在偶然機會下從網路上認識了一位異性朋友，為此自己一直高度保密。過了一段時間，網友對她提出見面的要求。本來曼玲對於約見網友一事還顯得很興奮；但當距離約會的日子愈來愈近，自己開始變得忐忑不安，有驚慌突來的恐懼感。她瞞著父母去找她一向尊敬的蕭老師，請她協助作主。

曼玲　老師，我後天要去見一個陌生人，他是我的網友。

蕭老師　網友？該說聲恭喜妳嗎？

曼玲　還早啦！我想見他，可是又怕見他。

蕭老師　為什麼又怕見他？你們沒有在網路上彼此介紹過嗎？

曼玲　有啊！甚至連照片都有給對方。

蕭老師　妳說他是網友，他的哪些特質讓妳可以接受他？

曼玲　他用詞優雅，也很有禮貌；他的興趣跟我相近，也愛古典音樂；他說會好好對待我。還有，他長得蠻好看的、很 Man 的樣子。

蕭老師　照妳這樣說，他既然符合妳的交友條件，那麼妳擔心的是什麼？

曼玲　因為新聞有報導過，有的網交是騙局，所以我擔心上當。

蕭老師　我很高興妳提出這樣的顧慮。在網路上，個人的背景資料的確可能是假的、有的文字是代撰的，甚至連照片都是冒用的。

曼玲　照片怎麼可以冒用？他不是會親自見面嗎？

蕭老師　如果屆時照片上的人不出現，真人卻躲在遠處窺視妳，妳會知道嗎？

曼玲　唉呀，好可怕哦！真的會那樣嗎？

蕭老師　當然，我只是猜測，也不是說一定會這樣。

曼玲　老師，假如照片上的他真的出現，還會有詐嗎？

蕭老師　妳說呢？

曼玲　應該就會是真的了吧！

蕭老師　妳真是個純真的孩子。妳有沒有聽過考試有「槍手」？

曼玲　有啊！是說非法代考的人。老師，您是說有人會代替別人出來交友，真人之後才出現？

蕭老師 妳很聰明。

曼玲 假如我愛上了「槍手」，該怎麼辦？

蕭老師 那就複雜了。曼玲，我只是提醒妳，網路交友有時候像賭注一樣，有很大的不確定性；結果可能很好、可能不如預期，也可能很危險。

曼玲 怎麼樣的危險法？

蕭老師 例如，約會地點不妥，可能誘引、挾迫、騙財、強姦或其他不測。

曼玲 哇，那太可怕了，誰還敢赴約啊！

蕭老師 所以，如果妳決定赴約，我建議最好找個伴跟妳一起去；一來可以防止意外，另一方面也可以協助妳觀察對方。若對方不同意妳攜伴，妳就更應該提起戒心，以防萬一。

曼玲 老師，要不是您告訴我這些，我可能糊裡糊塗就去赴約了。

蕭老師 我忘了問妳，爸媽知道這件事嗎？

曼玲 我沒告訴他們。這是我自己的事，有必要讓他們知道嗎？

蕭老師 如果是我，我會聽取他們的意見。與陌生人打交道，審慎才是上策。

曼玲 我會遵照老師的建議，謝謝老師。

蕭老師 祝妳一切順利。

小叮嚀

隨著網際網路的普及與便利，使用者不僅可以獲取豐富的資訊或知識，也可以與他人充分溝通訊息。網路通訊已經成為日常生活與企業不可或缺的一部分，它的使用固然有益，弊端也在所難免。例如，網交往往不幸被誤用為援交的工具，一些渴望上網探尋知音的純真青少年，往往不知居心不良的惡狼正在等候獵物。

曼玲的案例，使我們更加警惕，應重視青少年的交誼需求與交友途徑，避免交友不慎的陷阱。對於想要進入網交的青少年，與其勸阻，不如予以指導、協助，以達到健康交友的目的。

完美主義帶來挫折與不安

美雲是位國中生，來自中產階級的家庭，外表落落大方，內心卻因父母追求「完美」而使她感到挫折與不安。隨著年齡的增長，要求完美的壓力愈來愈大，使她漸漸招架不住，甚至無法專心學習，於是主動請求輔導處龐老師給予協助。

美雲　老師，您看我平常快快樂樂的樣子，事實上我時常感到挫折、不安。

龐老師　是妳善於偽裝還是我不夠細心?請告訴我為什麼妳有不安的感覺。

美雲　我的父母十分追求完美，什麼都要求完美無瑕，我做什麼都要小心翼翼，唯恐達不到要求而被批評或懲罰。

龐老師　追求完美是我們這個社會的特徵之一，我想是妳父母把這個特徵反映到你們家庭的操作上。其實完美主義只是一種價值觀，認為一切都應該要完美無缺，追求完美便是生活的目的。

美雲　老師說追求完美是我們的社會特徵，我看只有我們家在追求完美。

龐老師 我給妳舉個例吧！我們的總統就任後，經常一說話就挨電視名嘴砲轟——有的說他不該多話；有的說他說得太少、不夠詳細；甚至有些會下指導棋，教他該如何說。雖然許多批評出自好意，但也透露出他們認為總統不夠完美，不是嗎？

美雲 對啊！我爸媽也是愛挑剔，說這個不是、指那個不好，我常常擔心做不好或做不對。要取悅他們，真難！

龐老師 我想問題在於：妳父母只看到完美的優點，卻忽略追求完美所帶來的缺點。

美雲 什麼是它的缺點？

龐老師 第一，世上有太多的不完美；第二，完美並沒有絕對標準。例如，國外有位名媛，嫌自己長相不美，於是動了幾十次的手術，結果仍然上法庭告醫師沒有使她更加美麗。

美雲 希望我爸媽能認清並接受這些事實。

龐老師 而且追求完美的人，往往在追求完美時忽略自己對他人感受的傷害。

美雲 可以舉個例嗎？

龐老師 例如，一個人向她的完美主義朋友興高采烈地分享她剛買的漂亮衣服，當她正期待讚美的時候，那位完美主義的朋友卻冒出一句：「可惜顏色深了些」，就像是給她潑了盆冷水。完美主義者時常在無意中傷了別人的心而不自覺，因他只看到追求完美的那一面。

美雲　難怪爸媽感覺不到我沒有達到要求的時候，那種挫折感與不安的情緒。

龐老師　妳父母為了塑造一個完美的妳，可能愈來愈注意妳的言行與舉止，所以就有愈來愈多的批評。

美雲　一點也沒錯。老師，我該怎麼辦呢？

龐老師　妳可以坐下來跟爸媽討論這個問題。

美雲　怎麼開始呢？

龐老師　妳不妨先感謝父母對妳未來的關懷，然後舉出妳哪方面會努力去達成、哪方面妳有所保留，並解釋妳如此做的理由。

美雲　如果爸媽不同意我的建議呢？

龐老師　妳要對自己有信心。妳如果能對父母感恩在先，我想他們便沒有理由拒絕妳的合理建議。妳可以試著這樣做，當然我也會從旁協助。

美雲　老師這麼一說，我的焦慮不安減少了許多。我會盡力去做，謝謝老師。

小叮嚀

追求完美是人性使然，是人類不斷努力奮鬥的重要動機。但是由於不同遺傳與環境的互動，使個人在朝向完美時有不同的方向、領域與預備度。父母看重完美的價值，要求子女在成長與發展中也能逐漸朝向完美，是可以理解與接納的。不過，若要求時時刻刻都要完美，便忽略了個人的遺傳限制，也違反個人的選擇自由。

身為父母或師長，應給予青少年足夠的機會去接受自己、相信自己、肯定自己，避免硬把他們推向完美。美雲對完美主義產生的挫折與不安，可能也是許多青少年所面臨的困境，父母或師長應協助他們合理地減少身心上的痛苦，俾能專心求學、努力向上。

求職有訣竅嗎？

現在校外打工或兼職的學生愈來愈多，但不是所有的工作都是他們原來的首選；許多學生一時找不到工作，並不是本身條件不夠，而是應徵時態度欠佳或溝通不良所致。有鑑於此，高中輔導處的陳主任，舉辦了一個求職的問答座談會，希望藉由回答學生對求職的一些疑問，以及討論一些面談的技巧，能提高學生順利就業的機會。

陳主任 哇！這麼多同學對求職問題有興趣，希望這個座談會能對大家有所幫助。

黃萬春 主任，請問填寫履歷表應該注意什麼？

陳主任 如果有表格，則依表格的要求填妥，用字遣詞力求簡潔扼要，書寫盡量工整。如果是自備履歷表，以不超過限制或一頁為原則。

李彥明 除了這個以外，還有什麼是要注意的？

陳主任 面試當天，要確定好約定的時間、地點，當然也提醒自己放鬆心情去應徵。

范光華 外觀、穿著重要嗎？我知道應徵店面的工作講究穿著，但如果是應徵清潔或搬運工也要注意外觀嗎？

陳主任　一般來說就算是應徵清潔工人，除非是特別有要求，不然第一次面試，我想應該不至於得穿工作服去才對。

范光華　我懂了，謝謝主任的提醒。

陳主任　穿著與外觀要力求恰當，過與不及都不好，比如浮華、炫麗、邋遢、雜亂都要避免。

方珍珍　主任，該怎麼自我介紹呢？有一次面試，我在自我介紹時，面試小姐好像不耐煩地說「夠了夠了」，是不是表示我說太多了？

陳主任　有可能。重要的是你在自我介紹時，要注意對方的反應。比如，剛開始時她一面端視你、一面聽你說話；一旦她開始轉移注意，你就該有所反應。自我介紹是人際關係的開始，是第一印象的主軸，要審慎處理。

方珍珍　看來我要在這方面多多演練。

賴如玉　有一次我參加應徵，主試人問我：「你是內向還是外向？重情感還是理智？」我呆住了，只好匆匆地回答說：「有時內向、有時外向；有時重情感，有時重理智。」這樣的回答對嗎？

陳主任　這沒有所謂的對錯問題。我猜主試人的詢問可能有兩個目的：一是評量你對自己個性的注意或了解程度；二是察看你的個性是否適合他要填補的職缺。

如果他正在找個外向與重情感的外務或銷售員，那麼你的回答可能比較沒有幫助。但不管怎麼樣，對自己個性的了解與敘述是很重要的。輔導處有些量表對人格特質的了解有幫助，可以多利用這方面的服務。

劉永武　我被問過我的優缺點是什麼。我有很多優點，可是我該強調哪方面的優點呢？我一定要暴露自己的缺點嗎？

陳主任　舉例說明自己與所求職務有關的優點是合理的；不刻意隱瞞自己的缺點也是可取的人格特質，不用擔心。

劉永武　我太想給人完美的印象，所以對缺點方面常常笑而不答，這方面還要再改善。

陳主任　沒有錯。

周凱泰　陳主任你看，我有點過胖，如果因過胖而不被雇用，不就是職業歧視嗎？我該怎麼去克服呢？

陳主任　我了解你的感受。不幸的是，肥胖在當前社會所引起的負面印象，比較會影響人對人的評價。例如，人們常把肥胖與遲緩、懶散聯想在一起。但如果你從另一個角度去看事情，求職前認真去瘦身，不也是一舉兩得嗎？

周凱泰　好建議，我一定去做。

陳主任 不論是領導一兩個人或一群人，公家機關或企業機構都非常重視領導能力，面試時可能會問到這個問題，大家要有心理準備。

劉永武 我們沒有公共行政或企業管理的訓練，要怎麼回答呢？

陳主任 我想雇主只希望了解你對領導的一般看法，所以你不妨說：「我在重視效率的同時，也會關注員工的感受。」「在做重要的決定之前，我會盡量徵詢大家的意見。」等一些現在領導者會有的做法。

劉永武 原來如此，謝謝主任的建議。

陳主任 還有，工商企業界非常重視團隊精神，你們也要注意這方面的問題。

胡再興 有一次我被問到：「人多力量大，可是意見也多，倒不如一個人自己幹，你支持這個看法嗎？」

陳主任 你是怎麼回答的？

胡再興 我說：「對！」

劉永武 我有另一種不同的看法。你可以說：「可是個人的力量畢竟有限，大家團結才有力量。」因為這樣的提問，往往都在強調團隊精神的重要性。

胡再興 唉！原來是這樣，下次我會注意！

陳主任 有些企業非常重視員工處理衝突的能力。如果主試者給你一個以衝突為主題的案例，他可能會想知道你的解決辦法，而且也在觀察你是否能冷靜地處理問題。

蔡復興 我姐姐面試工作時，曾被問到員工間如果相處失和時，該如何處理的問題。

陳主任 結果呢？

蔡復興 她被錄用了，這部分她答得不錯。她說：「員工受雇是為公司達成既定的目標，員工間的衝突只會削弱服務的效能，因此只能和衷共濟，完成交付的任務。」

陳主任 其實團體成員彼此之間的溝通關係與人際協調能力，一直是公司或企業很重視的一個項目。另外我要請大家注意的是，你必須對應徵機構的組織和業務有相當程度的了解，以顯示你對它們的興趣及參與的熱忱。

林至信 這一點我完全同意，不然的話，雇主會嘲笑你說，連你要應徵的公司在幹什麼你都不清楚，雇用你來做什麼！

陳主任 最後我必須提醒各位，對自己要有信心。沒有主管會青睞缺乏自信的人；但是也千萬不要把自信跟自大、自誇混淆在一塊。

翁火旺 主任，除了信心以外，還有什麼要注意的呢？

陳主任 問得好。面試的時候如果對所應徵的職務覺得不明確時，可以請求主試者敘述清楚，以免受雇後有被濫用或誤用的情形。

翁火旺 假如廣告上的工作非常容易、輕鬆、收入優渥，卻不要求具備什麼資格，會不會可能有詐呢？

陳主任 的確，至於它是不是合理，就必須用智慧去審慎判斷了。

胡再興 這個討論會，我們的收穫真不少。老實說，求職的時候雖然資歷很重要，但也要注意很多面試時必要的訣竅。

陳主任 希望大家今後求職順利、工作愉快。

小叮嚀

對大多數的人來說，求職是生涯規劃的一部分，如果學生在踏出校門之前，能培養適當的求職態度、獲得合宜的面試技巧，則在求職時便可以順利進行，減少不必要的衝撞與挫折。年輕學生求職，不論是為了培養專業知能、增進處世能力或支持就學的開支，只要不影響學業與健康，都值得大家的支持與協助。上述陳主任的做法，雖不代表就業諮商的全部歷程，仍是值得肯定與推廣的做法。

趁早學習財務管理

某市東區的各級學校，已為學生提供一年的財務管理諮詢服務。由於效果良好，西區的各級學校也準備實施這個嘉惠學生的服務，於是邀請東區的師生代表到該區某校的大禮堂，報告他們的學習成果。

徐老師（東區）　我是東區財務管理諮詢服務的負責人，很榮幸到貴區來報告我們這一年來的學習成果。這次報告將邀請國小三年級以上的學生代表，分別提出他們的成果。

汪立民（小三）　我把爸媽每月給我的零用錢存進銀行，需要的時候由媽媽陪同領取。我一共領了三次錢，一次自己零用、兩次買爸媽的生日禮物。因為我不隨便領用，所以爸爸給我存入一筆年終獎金，我覺得很開心。

王淑蕙（小五）　我沒有按月給的零用錢，但是有爸媽給的成績獎金，每次大考的考卷我都會請他們簽名與核獎。每當累積到一定的數目，就請媽媽幫我到銀行定存，增加利息的收入。

邱定輝（小六） 我來自低收入家庭，平時在家幫忙爸媽工作，有收入時爸媽會分給我一點。過去我都把它交給爸媽保管，結果常常當我需要用錢的時候，他們反而沒辦法給我零用，後來就懇求爸媽讓我有自己的帳戶。現在我已經有自己的收支帳戶，爸媽也和我一起學習記帳，家裡的經濟狀況也有了一些改善。

劉菁（國二） 我家只有我和我媽。媽媽非常疼我，過去我常常是要什麼、有什麼。自從參加財務管理後，媽媽就給我一筆銀行存款，在她的監督下取用，這時才發現過去用媽媽的錢不心疼，現在用自己的錢開始捨不得。媽媽也勸我買東西時要比貨、比價、比服務。現在的我用錢聰明多了，存款也夠用了。

李達方（國三） 我有一個哥哥和兩個妹妹，四個人的生活與學費全靠父母的有限收入來支持。我家的經濟原來由爸媽來控管，後來經由學校的財務管理諮詢服務，家裡的財政改由全家共同計畫、管理。除非緊急需求，所有開支都是根據事先同意的計畫去動用，所以我們未來的學費可以有計畫地去籌措。也因為這樣，我們很感謝學校推動學習財務管理。

陳秀真（高二） 我準備升大學，經由諮詢服務及爸媽的協助，我已經在去年擬妥了三年的財務計畫，評估有哪些可能的收入與必要的開支。光在去年，我就省下不少不必要的支出。我的功課還不錯，課後在附近的安親班當助理，也算是增加收入。我想上大學的時候，爸媽不必為我的學費頭痛。

張正德（高三） 我父親長期臥病在床，母親收入相當微薄，家裡又有一個念國二的弟弟，家境清寒。過去我靠打工來協助家計，後來透過財務管理諮詢服務處徐老師的協助，在一家企業裡半工半讀。也因為這樣，我開始為家裡的未來財務建立一個新願景。現在我正在教媽媽使用電腦，她最近準備應徵我工讀的企業裡的一分祕書工作。我相信，有健全的財務觀念與財務計畫，才會有穩定的未來，才能放心地為將來努力。

蔡莉莉（大二） 我來自鄉下，因為就讀大學而離家住校。頭一年，除了上課、逛街買東西外什麼事也沒做，錢花得很快。後來有幾位同學邀我參加網路拍賣，要我負責財務；我對財務本來一無所知，只好請教財務管理諮詢服務處。經過參與講習與訓練之後，我已經能妥善管理財務，也使業務漸入佳境。我也學到一個可貴的經驗，自己付款的信用卡，從來不敢超刷。我真希望在國中或高中時就學會管理自己的財務，不至於常常仰賴他人。

徐老師 學生們的報告到此結束。我對推動財務管理的學習，有以下幾點看法想與大家分享：一、鼓勵兒童盡早學習管理自己的財務；二、有機會管理自己財務的兒童或青少年，較能珍惜財務的價值，也較多獨立自主的表現；三、有自己的財務可以管理的兒童或青少年，對家庭的收支狀況比較關切；四、有了財務管理的經驗後，個人對買賣較有信心；五、參與財務管理後，對如何增加收入、減少開支較能提出符合實際的看法。

黃主任（西區）　我是本市西區各級學校推動學習財務管理的負責人。今天聽到許多令人驚喜的成果報告，使我們對未來的工作更有信心。東區為學生推動財務管理時，我也私自進行試辦，讓我的三個孩子能有財務管理的概念，讓他們懂得生財與理財的重要性，使他們親自體驗財務管理，而他們的體驗也完全印證你們今天的報告。謝謝徐老師與所有的學生代表，我從你們的臉上看到了成功的喜悅。

小叮嚀

財務管理是人人都應學會的一門技巧，只可惜我們過去往往只把它看作公司、企業或機關裡的專業能力，一般家庭或個人反而忽略了。許多成人缺乏正確的財務管理概念與經驗，其子女就更不用說了，也造成錢常花得冤枉、浮濫，不懂得如何去經營、投資；而沒錢不懂得如何借貸，等到陷入高利貸又不能自拔。

社會上有太多引誘兒童或青少年購買的東西或享樂，也有太多父母難以抗拒子女不停地需索，在「花別人的錢不心疼」的心態下，揮霍、浪費幾乎是常態。這種習性在年輕時一旦形成，對日後所造成的影響殊難預測。

因此，在家或在校學習簡易的財務管理，已經是刻不容緩的事情。上述東區在各級學校推行財務管理及其成果的報告，旨在彰顯其需求與價值。誰不希望子女早日學會如何掌控自己的財務，能在經濟上獨立自主？

7

教學評量

希望有個沒有分數的學校

慶豐與瑪琍兩人是要好的同學、也是鄰居，放學後時常一起討論同學之間所面臨的問題，如分數第一、文憑至上、考試領導教學等。其中討論最多、也是他們最為關切的是「分數第一」的教育扭曲現象。教務處的施主任知道他們已在班上表達對這個問題的看法，於是約他們到辦公室做進一步的討論。

瑪琍 老師，我和慶豐有一個共同的願望，希望有個沒有分數的學校，我們學校有沒有可能達到？

施主任 在目前的教育制度下，建立一所沒有分數的學校恐怕有些困難。不過，如果我們對這個問題先進行討論而產生共識，那麼你們的希望有一天也許能夠變成事實。首先，請告訴我為什麼你們反對分數？

慶豐 我們不是反對分數，分數本身或多或少有它的意義跟價值。我們關心的是，它被過分重視了——好像人們只看分數，而不知道分數所代表的真正意義。

施主任　你們可以舉例說明嗎？

瑪琍　例如，考完試後大家只注意到誰考得好、誰考得差，都在比分數、關心分數。再比方說，如果兩人都考七十分，常常就被認為這兩人所知道的東西是一樣的。

慶豐　我寧願知道我哪些題答對、哪些題答錯，錯在哪裡、如何改正，而不是分數本身。爭分數的結果，大家反而忽略分數所代表的意義。

施主任　這些觀點都很正確，你們的觀察很細心、看得也很透徹。

瑪琍　為了不讓分數使我分心，我希望老師把分數記在他的成績冊裡，考卷上不要寫分數，只在答錯的題上做記號或寫評語。這樣，可以把我們的注意力導向應該關注的部分，來協助學習的改善。

施主任　我想這個建議老師們都可以考慮或採納，你們認為父母會同意嗎？

慶豐　瑪琍的爸媽原則上同意，我還要去說服我爸媽，其他家長的看法目前我們還不知道。

施主任　同學的反應呢？

慶豐　拿到好分數可以獲得爸媽獎勵的人，大部分都還是贊成只問分數的做法；如果考好考壞家裡的反應都很冷淡的同學，覺得有沒有分數都不重要；如果是爸媽陪著一起複習功課的人，贊同分數和評語並用。不過，大多數同學都抱怨，分數是他們挨打或挨罵的最大煩惱。

施主任 你們的觀察很銳利，建議也很有說服力。你們這一個提議，使我想起英國的暑丘（又譯夏山）學校，這個學校推行人本主義者所主張的開放教育，英文是"Open Education"。

瑪琍 暑丘學校是不是一個不使用分數的學校？

施主任 對。

瑪琍 真好，原來還是有跟我們想法一樣的學校。

施主任 這個學校的評鑑學習，目的是在了解學生的學習進度和學習成效，評鑑結果只供學生自我比較，不與其他人相比；同時也不用正式的考試、測驗或打等第，主要採用老師的觀察、報告的撰寫、作業的取樣等。你們所主張的學校其實在一九六〇年的英國就已經出現。

慶豐 結果呢？效果好不好？

施主任 由於當時的教學準備不夠、事務缺乏統一，監督學習的成效也不周全，學生的學業成績就不如傳統教學。但是你們應該會很高興聽到這個學校的學生有很好的學習態度，人際關係也很和諧，能互助合作、自我觀念積極，也有高度的創造表現。

瑪琍 我覺得在現在這種分數第一的教育風氣下，學生都在為分數而學習，同學之間彼此競爭、猜疑、嫉妒，彼此不願意也不懂得合作，自我觀念消極，也少有創意出現。

施主任 瑪琍，你把當前教育的缺失點出來了，不愧是個有前瞻觀點的優秀學生。

瑪琍 謝謝主任，慶豐和我希望每個學生都是為學習而學習，不是為分數而學習。

施主任 的確為學習而學習才不至於出現惡性競爭與惡補，也才會有良好的學習動機。我們的教育環境如果能摒棄分數第一的做法，逐步建立沒有分數的學習環境，才能真正達成教育的神聖目標。

瑪琍、慶豐 希望我們的呼籲能得到大家的認可和支持。

小叮嚀

「分數」是為教育服務的工具——學校為了解學生的學習進度、學習結果或教學效率，經常舉行評量，評量的主要方式有二：一是測驗或考試，二是實作評量或檔案評量。測驗或考試被量化的結果，藉由分數來代表某學習屬性的多少或高低；然而，測驗分數往往被錯誤地簡化成代表學習成就的唯一指標，成為老師或家長獎懲學生學習的唯一依據，因而有「分數第一」的教育扭曲現象。在分數第一的風氣下，學生所關心的是爭取高分，避免低分。

為了使學生更聚焦於分數，老師只教要測驗的部分，學生也只學老師交代要考試的地方，導致「測驗指導教學」這種本末倒置的現象，甚至父母也只為考試而督促子女學習。瑪琍與慶豐是學生中較有卓見的，能與施主任平心靜氣地討論分數第一對教學的危害，大膽地提出沒有分數的概念。如果教育能摒棄分數第一的錯誤做法，學生便能專心為學習而學習，更能保持良好的學習態度，增進和諧與互助合作的人際關係，也可提高創造力的表現。

讓我跟我自己比吧！

炎山在國中三年的學業成績每學期都名列第十名左右，父母雖然對他的成就「還算滿意」，但有意或無意間偶爾仍會透露對兒子「不如他人」的遺憾。炎山深感自己已經盡其所能，因此對於學校和家庭過分強調同學間成績的互比，感到不快與無奈。在一次的課餘時間，他去找王老師討論學業評鑑的問題。

炎山　王老師，我跟一位老師談過同學間成績相互比較的問題，他卻回我說：「你儘管努力讀好書，就不怕與同學比成績。」我不同意他的說法，所以來請教老師。

王老師　希望我能回答你關切的問題。你的意思是說你對「同學間互比成績」有意見？

炎山　是的。

王老師　為什麼？

炎山　老師，我生下來就跟人家不一樣，我家環境跟別人的環境也不同，為什麼我這一輩子要跟別人比呢？

王老師　你說的沒錯。每個人先天條件都不同，後天環境也不一樣；如果一直在互相比較、的確不太公平。

炎山　那為什麼學校裡、班級裡、同學間都在比這個、比那個的？尤其是比成績，實在煩死人！

王老師　在現代社會中，競爭是必然的現象，也是所謂優勝劣敗的主要途徑，而競爭的具體表現常常是互相比較。雖然互比有它的優缺點，但是既然已經存在於我們的日常生活，難免也會發生在學校的考試之中。你說很不喜歡競爭、互相比較，是不是有什麼特別的原因？

炎山　我跟同班同學比了三年，我的成績總是在前十名左右，我一鬆懈就落後一、二名，用功點就向前推一、二名，這樣比來比去，我看不出有什麼意義。

王老師　其實競爭也是追求卓越的重要動力，運用得當可以激勵一個人或一個團體向上的動機。你能維持在前十名左右的位置，我覺得也是因為你不敢鬆懈與不斷努力的結果。

炎山　老師，您分析的也沒有錯。我現在在意的是，希望老師或父母看到我自己有沒有進步，也就是說，我要「跟自己比」。

王老師 你說的確實是很值得重視的看法。我想進一步問你：你要怎樣跟自己比呢？

炎山 我要知道我在知識、技術、策略、能力、態度或人際關係上有沒有比以前進步，不是在競爭中去斤斤計較在總分或名次上的排名。

王老師 你的想法很好，也很值得其他同學跟家長一起來關心注意這個問題。你為什麼會想到這些？

炎山 嗯……因為想到未來進入社會後，我不僅關心自己的知識夠不夠充實，還要考慮自己在技術、策略、能力、態度或人際關係方面能不能適應社會的需求。

王老師 你能把現在的情況與未來聯結起來，是個了不起的思維。

炎山 謝謝老師的稱讚。我真的希望，以後大家在各方面能自己跟自己比。

王老師 希望在這充滿競爭的社會裡，大家都能夠跟你一樣，把重點擺在「自己跟自己比」。

小叮嚀

人與人之間，既先天不同，又後天互異，若彼此互比，實在有失公平。對大多數學生來說，如同炎山所言，學校裡、班級裡、同學間都在比來比去，尤其是比成績，實在煩人。學校是教學的地方，不是比賽的地方；學校固然要審慎地利用競爭來刺激進步，更應關切每個學生在知識、技術、策略、能力、態度或人際關係上有沒有因教學而比以前進步，以便予以個別輔導。

老師的教學可由學生來評鑑

陸老師在身為大學生的時候，就極力主張學生參與評量老師的教學；現在他自己身為老師，便一直認真考慮這個需要。由於所服務的學校沒有這一項措施，他決定試探學生對這個問題的反應。以下是陸老師與學生對此問題所進行的討論經過。

陸老師　學期快要結束，大考也快到了，感覺如何？

李同學　有好幾科要準備，所以特別緊張啊！

馮同學　我們已經有數不清的小考，還有幾次的月考，為什麼還要期末考？我看當老師的都愛考學生，怎麼會考慮學生的緊張或心情呢？

陸老師　其實不是這樣的，你們倒是想想看，學校為什麼要安排大考？

馬同學　是一種總複習吧！看看我們學生一學期的學習結果如何。

陸老師　說得對，平時的小考或月考主要在評量我們學習的進展情形，期末考則是在評量學習的最後成果。所以期末考可以提供老師每個學生的整體學習結果。

馮同學 既然老師要看我們一學期來有沒有學習好，那反過來說，我們學生能不能也看看老師一學期來有沒有教好呢？

陸老師 你的想法很有意思，是在追求一種公平嗎？

馮同學 是啊！教學是老師跟學生互動的過程，老師跟學生對教學的好壞都有責任；所以老師評學生、學生評老師，應該也是非常合理吧？

陸老師 不錯，那你們今天就利用這一堂課來評量一下老師的教學吧！

李同學 老師，你真的要我們評量你的教學嗎？

陸老師 只要你們是認真、誠懇地評量，我想我也沒有理由拒絕。

李同學 我知道老師是怎麼評量我們的，可是我們該怎樣評量老師呢？

陸老師 學生評量老師的方式很多，其中比較客觀的方式可以用所謂的「教學評量表」。

馮同學 評量哪些項目呢？

陸老師 我將一些項目一一舉出來給大家參考，也讓大家對評鑑老師的教學有個概念。第一，「老師對所教的科目有充分的專業知識」。

馮同學 老師的專業知識這一項非常重要，老師如果對自己所教的科目所知有限，怎麼教導學生呢？對了，我在國中二年級時的英文就是由一位非主修英文的老師教的，結果並不理想。

陸老師　希望那是學校不得已的臨時安排。其次，「老師對所教授的課，事先有充分的準備」。

呂同學　我認為老師對授課有充分的準備也很重要，我對一面翻書、一面上課的老師會感到不耐煩。

陸老師　再來是「老師能引起學生的學習動機」。

邱同學　能使我對上課有興趣的老師是我最喜歡的。

陸老師　我同意這一點，缺乏動機的學習一定枯燥無味，效率也有限。另一項是「老師按時上下課」。

李同學　多數老師都能按時上課，可惜有一部分的老師不能按時下課。

陸老師　再來是「老師能深入淺出地講課」。

莊同學　我最需要這種老師。有些老師學識蠻好的，可惜沒辦法把複雜的概念以淺近的語言表達出來。

陸老師　你說的沒有錯，這是比較可惜的地方。另外還有「老師關心學生是否了解自己的授課」。

李同學　有些老師在臺上講課講了半天，卻不曉得學生在臺下到底了解沒有。老師，到底要怎麼做才表示老師知道學生是否了解自己的授課？

陸老師 我想老師在講課時，只要不打斷學習，可以偶爾停下來詢問聽課的同學，看看學生有沒有問題、是否了解。再來，你們對「老師願意在課外協助學生學習」這一項有什麼看法？

莊同學 我認為好的老師一定歡迎學生在課後去請教。不少同學在上課時不敢發問，只好課後去請教老師。

陸老師 沒有錯。我想多數老師會樂意在課後協助你們學習。最後要提出的一項是「老師編製測驗，評量重要的學習」。

李同學 我真希望老師可以做到這一點，有些老師的測驗都只是在測些旁枝末節的瑣碎內容。

陸老師 的確，希望老師們都能注意這一點。

馮同學 老師，您真的覺得我們可以客觀地評量老師嗎？

陸老師 從你們剛才的反應，我對你們是有信心的。

莊同學 老師，那您不怕有人會故意藉由評量來搗蛋或報復嗎？

陸老師 我相信絕大多數的你們有獨立的判斷能力，有足夠的誠意來評量授課老師的教學品質。畢竟教學的好壞，勢必也相對地影響你們的學習啊！

呂同學　既然老師對我們有信心，我們一定客觀公正地為老師的教學打分數！

陸老師　謝謝大家的積極回應，我很高興，也為你們的態度感到驕傲。

小叮嚀

教學的好壞可以經由學生的表現去評量，如學科測驗或考試結果、升級或升學比率、就業的成敗，以及在學的滿意度等。教學的好壞也可以由老師本身的表現來評量，如上司的評鑑、同事間的互評、家長的觀察、教學的滿意度，以及來自學生的評量等。學生評量老師的教學雖然不是最科學的措施，卻是相當直接的觀察與評量，這是其他評鑑方式所不及的。

師生日日相處、互動頻繁，只要師生有互信的基礎，如同老師評量學生一樣，學生也可以認真地評量老師。陸老師開誠布公地與學生討論老師教學的評量，簡介一般使用的教學評量表，引導學生對評量項目做出反應，並邀請學生參與評量，是值得讚許的；只要評量結果是在提供老師作為改善教學的資訊，不是為了其他行政上的不當使用，都是值得推廣的。

靠文憑就能過關嗎？

昭明正在為升大專而操心，令他擔憂的是，他對未來的規劃和父母的看法不相一致。昭明因成績不錯，與幾位摯友相約一起申請名大學就讀，他們認為名校的文憑在將來可以無往不利。爸媽知悉後，建議他報考專科或技術學院，希望他是一個有實力的專業技師。爸媽為了說服他，質問：「靠文憑就能過關嗎？」使他對自己的選擇開始猶豫，但同儕的壓力仍然繚繞在心，於是請教自己一向尊敬的周老師。

昭明 老師，對我而言，升學不是問題，但為什麼要升學，卻是我十分難解的疑惑。

周老師 你不是和其他三位同學準備報考大學嗎？而且據說都是不錯的學校啊！

昭明 本來就是啊！可是有一天，爸媽問我可不可以考慮專科或技術學院。

周老師 你怎麼回應？

昭明 我告訴他們，考上名校可以拿到好文憑，一輩子不必憂慮飯碗問題。

周老師 他們同意你的看法嗎？

昭明 媽媽當時回我一句說：「靠文憑，不如有一技之長。」

周老師 我想，你原來相信文憑萬能，但你爸媽卻認為有一技在身更重要。

昭明 我們的社會不是崇拜文憑嗎？做什麼事都要大學畢業，企業裡也到處都是碩士、博士。沒有文憑能過關嗎？

周老師 其實那也只是社會的表象。公司、企業或公家機構在招募新進人才時，的確以文憑把關。可是一個人如果只有文憑，卻沒有實力，能撐得下去嗎？況且現在很多公司或企業已經不再迷信名校文憑，反而會根據他們用人的經驗，來決定哪些學校出身的員工最有發展潛力、最能在訓練中成長，並且最忠於職責。

昭明 老師認為我爸媽也是這樣想的嗎？

周老師 我想你父母是過來人，他們的親身經驗加上對世態的觀察，所以對你提出那樣的建議，這是可以想見的。不過，決定者是你、執行者是你，責任也要你來負，所以你是核心。

昭明 老師這麼一說，我覺得爸媽的立意真的很用心良苦。可能我自己比較世俗一點，覺得如果可以進入名校，他們也可以分享我的光榮和喜悅；只是沒料到他們要我擺脫文憑至上的想法。

周老師 昭明，你有沒有注意到，爸媽是聽到你太強調文憑萬能後，才建議你考慮專科或技術學院、要你有一技之長？我想你爸媽並不反對文憑，而是要你強調文憑時也要考慮實力。

昭明 我懂了。只要我不再盲目追求文憑或相信文憑萬能，爸媽也不一定要我改弦易轍，去報考專科或技術學院。

周老師 我相信是如此，因為他們打從一開始就未曾提議報考專科或技術學院的事。

昭明 對！老師，我現在沒有心理動搖的問題了，謝謝老師的啟示。

周老師 不要忘記爸媽的用心，也向他們道謝吧！

小叮嚀

文憑是對學業、學術或技能已達特定標準而賦予的一種認可，因此取得文憑是智能與努力的成果，是何等莊嚴的榮譽。只是對於學生而言，由於大專院校急速擴增的結果，學校水準參差不齊，畢業文憑的授予也隨之浮濫。既然大專文憑容易取得，目前的入學制度又幾乎沒有限制，甚至每個高中職畢業生都想到大學去弄個學位，以為求職時可以順利過關。這種文憑至上的風氣十分普遍，也令人憂慮。

事實上，我們已經處在一個競爭劇烈、優勝劣敗的社會裡，是實力對實力的社會，若文憑不能代表實力或潛力，它便是一張自欺或欺人的廢紙。青少年是國家未來的棟樑，我們應該給予他們正確的文憑概念，也應該讓他們獲得有真正價值的文憑。昭明對文憑缺乏正確的概念，引起父母的憂慮與反應，幸好能經由周老師的啟導而覺醒。希望大家重視並改善這一問題。

※本書圖片出處：ShutterStock

【LIFE系列】

愛的教育零體罰

黃啟域／著

每個孩子都是寶貝，在快樂中成長的孩子最幸福！作者長期以來，一直以「零體罰」的「愛的教育」為教養核心，認為讀書、教書都應該是非常愉悅的事情，能讓孩子在快樂中成長，是送給他們最好的禮物。

本書集結了作者數十年教職生涯的教學心得，以及自身的兒女教養經驗，除了分享「零體罰」的教學實例外，更提出了具體的方式與作法，值得父母與教師一讀。

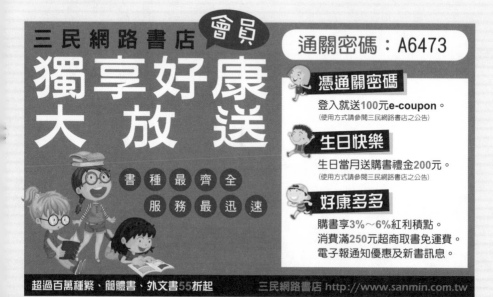